JN251249

観世音寺の歴史と文化財

府大寺から観音信仰の寺へ

観世音寺住職
石田琳彰
Ishida Rinsho

装丁／design POOL

はじめに

観世音寺はこれまで書籍を一冊刊行していますので、本書は二冊目にあたります。第一冊目は、一九三三（昭和八）年に刊行した鏡山猛先生の『筑紫観世音寺誌』でした。同書は現在では入手が困難で、観世音寺の研究書にも引用されることのほとんどない希覯本(きこうぼん)なのですが、豊かな内容をもつ好著です。

本寺はこの好著の復刻を考えましたが、刊行後八二年の間に多くの新たな知見があり、手直しを必要とする部分が生じています。しかし研究史上の評価と、鏡山先生の御著書に手を加えるなどという非礼を考えますと、手直ししての刊行はできませんでした。幸い、本寺住職の私は鏡山先生の教え子であり、新たな知見の多い考古学を専攻する研究者でもありますので、先生の構想を踏襲しながら新たに稿を起こすことにいたしました。

『筑紫観世音寺誌』は「創建の事情」から「近代の観世音寺」にいたる沿革畧記と、講堂・金堂の諸尊像を紹介された「本堂之記」「阿弥陀堂之記」、舞楽面・梵鐘を収められた「其他」からなる寺宝紹介の二部構成になっています。それに倣い、本書も「観世音寺の創建」や「観世音寺の復興」などを収めたⅠ～Ⅷ章と、「観世音寺の尊像と文化財」を紹介するⅨ章で構成しました。書名を『新版　筑紫観世音寺誌』にしようかと考えましたが、Ⅰ～Ⅷ章が観世音寺の歴史、Ⅸ章が観世音寺の文化財を内容にしていることから、『観世音寺の歴史と文化財』としました。
観世音寺の通史を紹介した書籍はありありません。本書が観世音寺を御理解いただく参考になれば、幸いです。

二〇一五年十一月吉日

観世音寺住職　石田琳彰

観世音寺の歴史と文化財❖目次

観世音寺の歴史と文化財

府大寺から観音信仰の寺へ

I　大宰府と観世音寺

現在の大宰府市に大宰府政庁がいつ設置されたのかはわかっていない。ただそれは六六四・五年ごろのことであろう。六六三年の白村江の敗戦にともなって国防拠点建設が必要になり、百済からの亡命官人などの知識を動員して、大野城・基肄城・水城などの朝鮮式山城とよばれる防衛網を設置しているからである。その中心に大宰府があり（図1）、その形態・構造が百済の都扶余に酷似していることからも推測できる。

このように大宰府は軍事拠点として設置された。同時に、平和時には中国や朝鮮と向かい合う地理的な環境から、唐使・新羅使など外国使節の饗応、遣唐使や遣新羅使の派遣などの対外交渉の窓口であり、政治的にも経済的にも当時の日本を支える国際都市であった。さらに、万葉歌人の柿本人麻呂が「大君の遠の朝廷」と詠んだように、律令制下において大宰府管内諸国（西海道）は中央官制に直属せず大宰府によって支配されていたから、古代九州（西海道）の九国三島を統括し、西海道の内政を掌る半自治的な地方政府であった。そして当然なことに、先進的な文化を花開かせていた唐（中国）や新羅（朝鮮）との交流の窓口である大宰府は文化都市と

図1　大宰府政庁と観世音寺

しての華やかさに包まれていた。

そうした歴史をもつ大宰府だが、時の流れとともにその歴史は忘れられ、「宰府詣り」の言葉が示すように、学問の神様菅原道真を祀る太宰府天満宮のある街として知られるようになった。ことに早春の太宰府は、太宰府天満宮に詣で入学試験の合格を祈願する人や梅の花を愛(め)でる人が行き交う。天満宮に隣接して二〇〇五（平成十七）年に九州国立博物館が開館し、またそう広くもない市内に日本経済大学・福岡国際大学・筑紫女学園大学・九州情報大学など八つの大学・短期大学が設置されるなど、学問の街としての性格はいっそう強まっている。

太宰府天満宮の祭神菅原道真は、政敵左大臣藤原時平の讒言にあい、右大臣から大宰権帥に降格され、大宰府の南館で不本意な生涯を終える。その経緯もあって、当初は怨霊をもつ怒れる雷神として怖れ敬われるが、学問の家に生まれ、自身当代きっての学者であったことから、次第に学問の神様として信仰されるようになってきた。その道真が失意の府南館で詠った「不出門」に「都府楼纔看瓦色　観音寺只聴鐘声」とある。都府楼すなわち大宰府政庁の堂舎は姿を消して今はもう見ることができないが、観世音寺の鐘は今でも聴くことができる。

移りゆく世のなかの歴史を刻み続けながら、観世音寺は絶えることなく現代へと伝えられてきた。そしてともすれば忘れられがちであった大宰府の歴史も、一九六八（昭和四十三）年にはじまり今に続く大宰府史跡の発掘調査によって再生されてきている。その最大の成果に、地表に礎石を遺している大宰府政庁跡は第Ⅲ期のものであり、地下に第Ⅱ期、さらに第Ⅰ期が埋もれていることを明らかにしたことがある。第Ⅱ期政庁は大宝律令の制定にともなって整備された段階とみられるから、その下層の第Ⅰ期こそが白村江の敗戦後に急造された政庁になる。大宰府には第Ⅱ期から碁盤目状の計画都市である条坊制が本格的に施行されるが、第Ⅰ期ですでに大宰府政庁中軸線と観世音寺中軸線は正しく五・五町の間隔をもっている。

観世音寺は朝倉橘広庭宮（あさくらのたちばなのひろにわのみや）で薨（こう）じた母帝斉明（さいめい）天皇の追福を願って天智（てんじ）天皇が発願された由来をもっている。しかし、斉明天皇との所縁をもたない地で、しかも大宰府政庁と五・五町の間隔をもって創建されたことの意味はわかっていない。最近、赤司善彦氏が第Ⅰ期政庁こそが朝倉橘広庭宮であるという新説を述べられている（「筑紫の古代山城と大宰府の成立について―朝倉橘廣庭宮の記憶―」『古代文化』六二巻四号、古代學協会、二〇一〇年）。そうであれば、観世音寺の選地は納得できよう。ともあれ「日本文化の形成をアジア史的観点から捉える」ことを理念とする九州国立博物館が太宰府に創設されたことによって、古代大宰府の再生はいっそう加速している。

　ここまで読まれた方は「だざいふ」の表記に「大宰府」と「太宰府」が混用されているように思われたのではなかろうか。「大宰府」は「おおみこともちのつかさ」と読む。「みこともちのつかさ」は古代の諸国を治めた「国宰」（国司、ことにその長官である守のこと）のことだから大宰府＝大国府の意味になるし、長官である大宰帥の職務もおおむね国司と変わらないから、九州諸国の国府を統括した官庁にふさわしい。したがって行政府として大宰府が機能していたときに、意味の異なる太宰府とよばれることはなかった。やがて大宰府の機能が忘れられ、音が優先して「太宰府」と表記されるようになる。現在では、古代的な歴史用語として「大宰府」、太宰府市や太宰府天満宮などの現行地名・施設名として「太宰府」が使用されている。本書もその原則にしたがうことにする。

Ⅱ　観世音寺の創建

1　伽藍の落慶と寺院の供養

観世音寺は七四六（天平十八）年に供養（完成）している。『続日本紀』に観世音寺を完成させるために派遣した僧玄昉が七四六年に藤原広嗣の霊に祟られて死んだと記録され、『扶桑略記』はそれが「観世音寺供養」の日であったとするからである。そこで研究者の多くは、深く検討することもなく原文に無い「落慶」の文字を入れて、七四六年を観世音寺落慶供養の年としている。落慶供養は伽藍の完成を意味する。しかし観世音寺は、後述するように、七三一年に大宰府から伎楽具を施入、七三五年には大宰府管内に流行した疫病の退散のため読経しているように、すでに寺院活動が可能な程度に伽藍が完成している。

観世音寺創建の開始は古い。六六〇年の百済滅亡は当時の日本にとって一大事であった。そこで百済亡命政権に助力し、唐帝国・新羅の連合軍と対戦するが、彼我の力量には大差があり、六六三年の白村江の敗戦をもって朝鮮半島から日本の勢力は一掃される。次の戦場が九州になることは当然予測され、大宰府の博多湾岸から現在地への移転、大野城・基肄城・水城などの朝鮮式山城とよばれる国防網の設定など、九州北部の急速な軍事要塞化がはかられた。この一連の事業の当初、斉明天皇は自ら西下して陣頭指揮をとったが、朝倉橘広庭宮で崩御された。その斉明天皇の冥福を祈願して、息子である天智天皇が発願されたのが観世音寺であると『日本書紀』は伝えている。六七〇年前後のことである。

観世音寺は六八六（朱鳥元）年に史書にはじめて名をあらわす。次いで七〇九（和銅二）年に営作（造営）を速やかにするよう元明天皇の詔が出され、さらに七四六（天平十八）年六月十八日に「供養」の日を迎えているから、寺としての完成がこの日であることはほぼ確定できよう。そうすると、六七〇年前後に発願された観世音寺は約八〇年をかけて建立されたことになる。果たしてそうであろうか。

古代寺院の完成は伽藍の完成を必ずしも意味しない。諸書をみても、七四六（天平十八）年六月十八日に供養の日を迎えたとする『続日本紀』をはじめ、時代の降った『扶桑略記』や『尊卑分脈』は「大宰府観世音寺供養之日」、『元亨釈書』は「観世音寺成」った日、『源平盛衰記』は「大宰府観世音寺造立供養アリ」と記録する。これらには建物の完成を意味する「落慶」の文字が見えない。

実際、これよりも早く観世音寺の主要伽藍は完成していたらしく、七四六年に先立つ七三五(天平七)年に、大宰府管内で猛威を振るった天然痘の平癒を願って府大寺（ふのおおでら）および別国諸寺に金剛般若経を読ませており、府大寺で仏事が営まれていたことが知られている。府大寺は観世音寺のことだが、発掘調査で「凵大寺」と刻字した須恵器蓋が出土し(図6-1)、証明している。伽藍もなく僧侶もいない寺で仏事を営むとは考えられず、七四六年の「供養」が伽藍の完成を意味しないことを明確に示している。そこで伽藍の一応の完成期を検討しておこう。

2　伽藍の完成を示す銅鐘

文字の記録が残されていなくても、考古学的な発掘調査で明らかにできる例は多い。そこで観世音寺でも九州歴史資料館によって繰り返し発掘調査が実施され、多大の成果が挙げられている。九州歴史資料館で編集した報告書『観世音寺』が吉川弘文館から刊行されているが、A四判で五分冊計一七・一センチの厚さに及ぶ大部なもので、単一の寺院の発掘調査報告書としては現在のところ最も厚い。そこに発掘調査の成果が満載されているが、残念ながら観世音寺の創建期を示す良好な資料には恵まれていない。

そこで、別の方法で観世音寺の創建期を考えてみよう。

図2　観世音寺鐘と妙心寺鐘（1：観世音寺，2：妙心寺，3：銘文）

創建期を考える手掛かりはいくつかある。その第一は現在まで伝わる国宝の銅鐘（梵鐘）である。銅鐘は仏事の進行をうながす役割を果たす仏具である。たとえてみれば学校の授業の進行時間を合図するチャイムに相当する。完成した学校でチャイムは重要な働きをするが、未完成の学校には必要ない。銅鐘も同様で、寺そして僧侶の活動に必要な仏具であり、未完成の寺には必要ない。

観世音寺鐘（図2－1）は、総高一六〇・五センチ、口径八六・三センチをはかる。鐘身の高さにくらべて口径が小さく、龍頭（りゅうず）が総高の二割におよぶなど、均斉のとれた、全体にすっきりと締まった形をしている。鐘身の上帯と下帯には忍（にん）

冬唐草文が鋭く鋳出されている。鐘身の下から五分の二ほどのところに、複弁一二弁の蓮華文で飾られた撞座がある。その文様は天台寺式とよばれる新羅系の古瓦によく似ている。撞座の位置は古鐘のなかでもっとも高く、本来の高さを保っている。荒々しい彫りで力強く表現された龍頭と直交する位置に撞座がある点も古式の特徴を示している。

鐘身の形態のモデルは唐にあると思われる。中国北京市の大鐘寺にある大鐘寺古鐘博物館に中国の古鐘が収集展示されているが、観世音寺鐘と類似した形態の例として、南朝陳の太建七（五七五）年鐘、四川省黔江の天宝年間（七四二〜五六年）鐘、天宝十（七五一）年鐘がレプリカや写真で紹介されている。ことに天宝十年鐘は高さ一六七センチ、口径九二センチで観世音寺鐘に近いものがある。中国では、これ以後、鐘身の裾が花のように開く形態に変化しているから、モデルとして参考にならなくなる。

本来、銅鐘は地面近くまで吊り下げ、鐘木を腰の高さにして撞く。そのために撞座の位置が高くなる。本鐘の撞座の位置は天宝十年鐘などの古鐘に一致していて、腰撞き用の鐘であることを示している。本鐘および京都の妙心寺鐘よりも新しい、たとえば七七〇（神護景雲四）年の紀年銘をもつ福井県剣神社鐘などの奈良時代鐘になると、現在の撞き方と同じく撞き手の頭部に近い位置に撞座が下がっている。福岡県には八三九（承和六）年の紀年銘をもつ国宝の西光寺鐘があるが、やはり撞座は鐘身の下部にあり、腰撞きから肩撞きへと変化している。このように鐘身の形態、そして撞座の位置からみて、観世音寺鐘と次に紹介する妙心寺鐘は奈良時代よりも古く鋳造されている。

本鐘は古期の特徴を多くもっているが、紀年銘を欠いている。しかし、幸いなことに形態や法量が酷似する銅鐘が京都の妙心寺にある。妙心寺鐘（図2―2）は紀年銘のある最古の銅鐘として知られていて、身の内側に「戊戌年四月十三日壬寅収糟屋評造春米連廣国鋳鐘」の銘をもっている（図2―3）。戊戌年は六九八年に相当する。一九八四年に開催された九州歴史資料館の開館十周年記念「国宝観世音寺鐘妙心寺鐘とその時代」展で、はじめて両鐘が並べて展示された。そのおりに、両鐘の実測図が作成され、身の形状や数値がまったく一致することが明らかとなった（図2―1・2）。妙心寺鐘のほうが、龍頭の高さが低い点と、上下帯の唐草文が忍冬ではなく宝相華に変わっている点が異なるものの、同じ工房の同じ鋳型で鋳造されたことは疑いない。撞座の蓮華文は新羅系の天台寺瓦の瓦当文様に通じ、上下帯の唐草文にも新羅的要素がうかがわれる。そして忍冬唐草文から宝相華唐草文への変化は、新羅の雁鴨池宮殿遺跡の発掘調査によって、六七五年前後に生じていることがわかっている。このように唐草文にみられる新羅的要素の変化の過程からみて、観世音寺鐘が妙心寺鐘よりも古く鋳造されたのは明らかである。九州歴史資料館で両鐘を同時に見る機会をもった研究者の意見も、おおむね観世音寺鐘が二〇年ほど古いということで共通していた。

観世音寺鐘は戊戌年（六九八年）に鋳造された妙心寺鐘よりも二〇年ほど先立つとみられるから、六八〇年前後に鋳造されているということになる。『日本書紀』によれば、筑紫大宰丹比真人嶋らが、六八二年に大宰府に大鐘を貢上している。時期的な近似、龍頭に代表される作例の重厚さ、音調のすばらしさ、そしてこれほどの大鐘を必要とする寺院が他にあったとは思えない点から、丹比真人嶋らが貢上した大鐘は伽藍の完成に見通しがついた観世音寺のためであったと考えられる。つまりこのときに、間近にチャイム（銅鐘）を必要とする段階まで、観世音寺伽藍の建設が進行していたことを明示している。

3　観世音寺の伎楽

銅鐘を必要とする段階にあたる六八六（朱鳥元）年に、経済基盤となる封二〇〇戸が観世音寺に施入されたと『日本書紀』に記録されている。寺封は三〇年を期限（当時）として、その封戸の課口（租税の負担者）から納められた租の半分と庸・調・仕丁を受給できる権利を与える制度で、後の荘園のように土地そのものには支配権が及ばない。それにしても一里（郷）五〇戸とする後の郡里・郡郷制に照らすと、四里（郷）からの収穫などを得るのだから、その経済規模は大きい。このときに施入されたのは、筑前国碓井・金生、筑後国大石・山北の四封計二〇〇戸で、期間を限定されていたが、実際には土地の支配権を獲得しつつその後も維持され、観世音寺荘園の中核となっていく。ともあれ、封は寺院が活動を開始するときの臨時の運転資金的な性格をもつから、寺院としての活動が遅くとも六八六年からはじまったこと、その前提に主要な伽藍が完成していた可能性を強めている。

封を施入された六八六（朱鳥元）年、新羅使金智祥らを饗応するために、大和川原寺の伎楽が筑紫に運ばれたことが『日本書紀』に記録されている。それがどこに運ばれたかは具体的に記されていないが、川原寺は観世音寺と同じく斉明天皇の冥福を祈る目的で建立されていること、『延喜五年観世音寺資財帳』（以下『延喜五年資財帳』と略す）に観世音寺には七三一年以前に施入された旧伎楽があると記録されていること、伎楽は寺院に付属すること、楽人約四〇人を維持する費用は容易でないこと、後のことであるが鴻臚館の上級官庁である蕃客所の同様の饗応に観世音寺の伎楽を使用していることを考慮すれば、このときの移送先が観世音寺であることは疑いない。観世音寺に伎楽団が常置されていたことは後述するが、内外の使節がめったに利用しない鴻臚館に約四〇名からなる伎楽が常置されていたとは考えがたい。

『延喜五年資財帳』の伎楽章に「新伎楽壹具」として伎楽具一セットが詳細に記録されている。この新伎楽は七三一（天平三）年三月三〇日に大宰府が勅により観世音寺に施入したと「大宰府聴案」にある伎楽具一具に相当する。伎楽章を整理すると、観世音寺の伎楽は表1の四〇人で構成されていた。伎楽は、六一二年に百済の味摩之が伝えたとされる古代の無言の仮面舞踏劇のことで、「呉樂」とも書くように「くれがく」とよばれた。七五二（天平勝宝四）年の大仏開眼供養会で使用された伎楽面が東大寺に残されているように、三宝供養として法会の後に上演された寺院中心の芸能であった。

大寺院に付属する伎楽は九州では観世音寺のみに知られ、伎楽の団員を維持するための経済的基盤として、呉樂田が設けられていた。このように伎楽は寺院に属する劇団であるが、その上演内容には滑稽・卑猥な所作も含まれていた。その内容を荻美津夫（「伎楽」『ミュージアム九州』六二号、博物館等建設推進九州会議、一九九九年）や野村万之丞（「新伎楽の復元」前掲書）で復原すると、表1にA〜Gとした七場面からなるようである。

Aの治道（ちどう）は劇の開始を告げるもので、棒批（ぼうひ）・笛吹（てきすい）・撃銅鈸子（げきどうばっし）・撃鼓（げきこ）の一五人からなる楽隊を率いて、会場

表1　観世音寺新伎楽の構成

演目	伎楽面の種類	楽隊その他
A	治道　1面	棒批　2人 笛吹　2人 撃銅鈸子　1人 撃鼓　10人
B	師子　1頭 師子児　2面	
C	呉公　1面 呉女　1面 加楼羅（1面） 金剛　1面 力士　1面	
D	波羅門　1面	
E	崑崙　1面	
F	大孤父　1面 大孤児　2面	
G	酔胡　9面	持枠　2人

を静粛にする。太宰府天満宮の神幸式の行道でも、先頭が行列の荘厳を保つために、静寂を求める。もともと静寂な古代の音環境にあって笛や太鼓の高い音色は人びとの耳目を集めたに違いない。次にBの師子と師子児が演ずる。師子と師子児と書けばわからないが、獅子と子供の獅子のことで、親子の獅子が高く跳び上がり低く地に身を擦り寄せるような動きのある所作をする獅子舞と考えればよい。天満宮の神幸式でも獅子が行道している。Cは呉公（ごこう）・呉女（ごじょ）・加楼羅（かるら）・金剛・力士からなり、呉公（呉王）と呉女（王妃）が加楼羅（迦楼羅）・金剛・力士を連れてあらわれる。それがDの波羅門（ばらもん）（婆羅門）がおしめを洗っている場面に変わる。妻帯してはならない僧侶（婆羅門）が赤子のおしめを洗う仕草をしているのは、僧侶批判であるが、これが堂々と上演される。Eには先ほどのCの一行が再登場し、新たに崑崙（こんろん）が加わる。踊る呉女（王妃）に男根をさらしながら崑崙が言い寄り、怒った呉王がこれを懲らしめる。このときに王妃は崑崙によろめいたらしく、王から鼻頭を切られたために、呉女面の鼻先は少し切り取られている。男根を振る所作や女性のよろめきなど、どう仏教と係わるのか理解できないが楽しめたことは疑いない。Fでは二人の子供（大孤児）を連れた父親（大孤父）があらわれる。子供の世話に行き詰まって苦悩する父を寺が救い、仏教に帰依するようになる。これだけが仏寺にふさわしい内容になっている。酔胡（すいこ）九人で演じる最後のGは、他寺の例でみると、酔胡王一人と酔胡従八人からなっている。赤ら顔で目が碧（あお）く背の高い西域の異民族である胡人を中国人も怖れていた。その胡人の主従が酔っ払って狂態をさらす様を滑稽に表現する。酔胡とともに持桙(じぼう)二人が記録されているが、順序に乱れがあるので、現在見られる祭礼で先頭に立っている毛槍に相当するのかもしれない。

伎楽は寺院の供養で上演されるものの、娯楽劇のためであろうが、大宰府の鴻臚館でも上演された。そもそも九州の伎楽の最古の記録は、新羅の使節を筑紫で饗(もてな)すために六八六(朱鳥元)年に「川原寺の伎楽を筑紫に運んで」いるのであり、寺院の供養のためではなかった。

ところで新伎楽を載せる『延喜五年資財帳』の伎楽章には「旧伎楽」として「治道壹面」「呉公壹面」があり、治道面は八〇九(大同四)年に大破している。これとは別に通物章にも「旧伎楽」があり、「師子貳面」「崑崙力士肆面」がある。つまり「旧伎楽」は治道一面・呉公一面・師子二面・崑崙力士四面およびわずかな付属品しか残っていない。にもかかわらず崑崙力士が四面ある。表1のように、伎楽具一具には崑崙一面と力士一面が必要で、各二面とすると旧伎楽は二具あったことに、どちらかが三面であれば三具あったことになる。一面必要な師子(獅子)も二面あるから、旧伎楽は二具あったと思われる。これらは八二二(弘仁十三)年に大破していて使用されていない。七三一年の段階にはこれほどの無残な状態ではなかったろうが、それにしても新伎楽施入の必要性は旧伎楽二具の破損が進んだ結果であったことがうかがわれる。七三一年に施入された新伎楽に対する旧伎楽という表現からみて、旧伎楽はそれ以前に施入されていたことがわかる。

そこで旧伎楽の候補に、先の六八六（朱鳥元）年に筑紫に運ばれた川原寺の伎楽が浮上する。四〇人もの楽団員で構成される伎楽を維持する必要もあって、伎楽は大寺院に置かれるのがその根拠の一つになるし、観世音寺と川原寺は斉明天皇の追福祈念のために天智天皇によって発願されたという歴史を共有しているのも根拠になる。もちろん、川原寺の伎楽を観世音寺に運んだとは記録されていない。そこで、これを鴻臚館の前身にあたる筑紫館ないしはその上部機関である外交の実務にあたった蕃客所で保護・保有したと考える余地もあるが、数年～数十年に一度来訪する外国使節の饗応のために大宰府が膨大な無駄をおかすとは考え難い。

ところが観世音寺には四二人からなる伎楽団（呉楽傜丁、呉楽は伎楽のこと）を維持するための呉楽田があった。しかも観世音寺には呉樂所があり、その長である呉樂頭に「先例により」観世音寺僧と蕃客所勾当の二人が補任される記録が一〇一二（長和元）年からある。これらから少し時代がずれるが、鴻臚館における蕃客の饗応に観世音寺の伎楽があたっていたことがわかる。

このように六八六（朱鳥元）年の大和川原寺からの伎楽の移送先が観世音寺であったことは明らかで、それが旧伎楽に相当する。朱鳥元年は勅によって観世音寺に封二〇〇戸（碓井・金生・大石・山北各封）が施入された年であり、筑紫大宰丹比真人嶋が大宰府に大鐘を貢納して四年目にあたる。寺の宗教活動の時刻を告げる鐘の鋳造、当座の運転資金である封の施入、そして約四〇人を数える伎楽団の保護・保有は、観世音寺がこのころに寺院としての活動を開始したことを意味する。他寺の例でも、活動の開始以後に寺院の建設が進行している例はあり、特別のことではない。衆僧が居住していないにもかかわらず、伎楽団を維持するなど、本末転倒で考えられない。

4　観世音寺伽藍の落慶は六八六（朱鳥元）年

六八六（朱鳥元）年は川原寺伎楽の移送の年であり、伽藍もない僧侶もいない寺に伎楽団がいるというのは不可解きわまりないが、この年に観世音寺の伽藍が衆僧はもちろん伎楽団の収容・維持の可能な段階にまで完成し、寺としての活動がはじまったと考えれば疑問は解消する。これ以前に新羅国使が来たにもかかわらず伎楽が移送されなかったのは、観世音寺が未完成であったからにほかならない。天平七（七三三）年の金剛般若経の読経はもちろんの活動であった。

七世紀ごろの寺院の造立をみると、五八六年の用明天皇の造寺と薬師像造立の発願、あるいは五八八年の蘇我馬子（そがのうまこ）の発願により造営をはじめたとされる法興寺（飛鳥寺）は、仏堂・歩廊を建てはじめた五九二年から建設が本格化したとみられ、五九六年に一応完成している。発願から一応の完成まで約一〇年を要していることになる。薬師寺の場合は、天武天皇が皇后のために伽藍の創建を発願した六八〇年、あるいは天皇が皇后のために薬師寺を造るとした六八二年を起点とし、一応の完成が六八八年の無遮大会（むしゃおおえ）のころないしは六九七年の持統天皇の病のために公卿百寮所願の仏像を造った開眼会（かいげんえ）のころとする説がある。薬師寺への衆僧の居住がはじまったのが六九八年のことだから、前年の開眼会のころに一応完成したと考えると、約一五年の建設期間が見込まれる。しかしこれが一応の完成であることは、七〇一年に波多朝臣牟胡閇（はたのあそんむごべ）と許曾倍朝臣陽麻呂（こそべのあそんひまろ）が造薬師寺司に任じられているから、建設は続いている。

東大寺の創建はいっそう参考になろう。聖武天皇が七二八年に夭逝した皇太子の基王（もといおう）のために創建した山房にはじまる東大寺は、七四〇年に金鐘寺（こんしゅじ）として華厳経（けごんきょう）の講説を催し、七四一年には総国分寺金光明寺としての権威を確立、七四七年からの大仏造立の推進、七五二年の大仏開眼供養と拡大を続けていく。この間に造東大寺司のもとで伽藍が整備されていくが、大仏開眼供養の後にも造東大寺司は講堂・塔・僧房などの整備を進めていく。大仏開眼供養のように「供養」はそれぞれの節目で行われようが、東大寺の落慶はいつであろうか。大仏造立のころから東大寺と称したらしいが、すでに金鐘寺として一応の伽藍は存在していたのだから、東大寺の落慶となると判断は難しい。

観世音寺は、天智天皇による六七〇年ごろの発願、そして銅鐘の施入や伎楽の移送、封の施入などから、衆僧の居住を可能とする一応の完成（落慶）を六八六（朱鳥元）年と考えると、約一六年の造営期間になり、薬師寺に近い。

薬師寺造営には造薬師寺司、東大寺造営には造東大寺司のように、官寺の造営にあたって建設を統括する臨時的な役所が置かれていた。「造寺」と墨書した須恵器皿（図6―2）の出土、『万葉集』に七首収められている沙弥満誓（しゃみまんせい）が造筑紫観世音寺別当であったこと、後の再興にあたって造観世音寺行事所が置かれたこと、藤原宮・薬師寺（本薬師寺）に葺かれた瓦と同じ系譜の瓦当文をもつ創建瓦の特徴などからみて、観世音寺の創建にあたっても造観世音寺司（造筑紫観世音寺司）が置かれていたことは疑いない。薬師寺や東大寺が大和国という畿内の中心にあったのに対し、観世音寺は九州にあるが、造寺司の設置とその本属先の同一性によって地域差は解消される。

実は、観世音寺伽藍の六八六年完成を考えるときに大きな障害がある。創建瓦の問題で、老司（ろうじ）Ⅰ式（図3―2）とよばれる観世音寺の創建瓦は本薬師寺式瓦や藤原宮式から派生するという研究があるからである（小田富士雄「九州に於ける太宰府系古瓦の展開（一）」『九州考古学』一二号、九州考古学会、一九五七年）。瓦葺き建物は、柱組の後に雨を防がなければ柱が腐朽しかねないから、まず瓦を葺く。したがって六八六年に観世音寺の主要伽藍が完成していたとすれば、そ

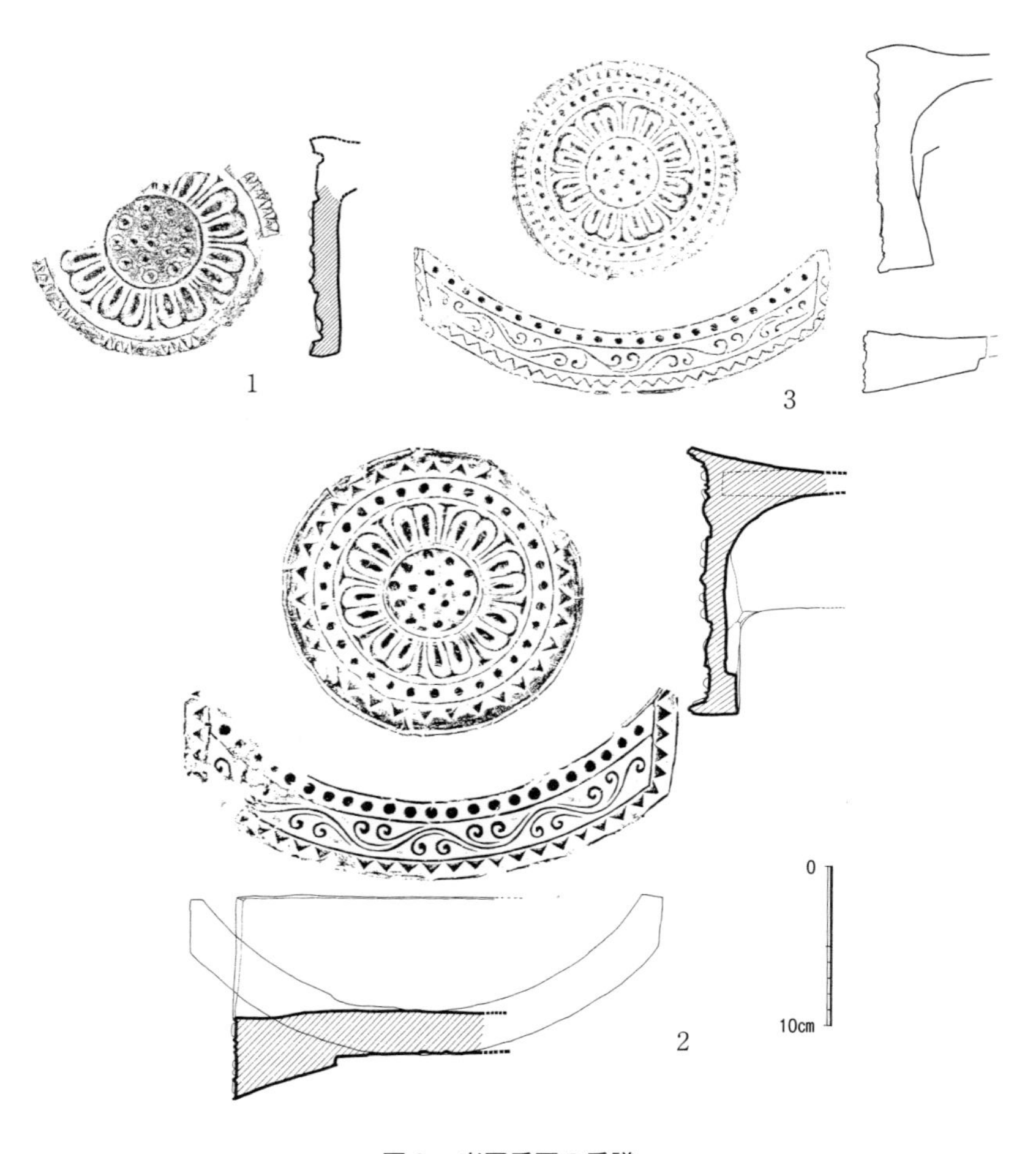

図３　老司系瓦の系譜
（１：川原寺式瓦，２：観世音寺創建［老司Ⅰ式］瓦，３：藤原宮式瓦）

の屋根を飾る老司Ⅰ式瓦は六七〇年代にさかのぼっての製作を考える必要がある。そうすると、六八〇年に創建が発願された薬師寺（本薬師寺）の瓦や六八四年に造営予定地が定められた藤原宮の瓦よりも老司Ⅰ式が古くなり、本薬師寺式や藤原宮式とは製作時期が逆転し、系譜を考えることができなくなるからである。

　しかしこれは簡単に解決できる。都から地方へという既成概念を外し、観世音寺創建瓦（老司Ⅰ式）・本薬師寺式瓦・藤原宮式瓦の実物資料を比較すれば、創建時期にしたがって観世音寺創建瓦（老司Ⅰ式）の系譜に本薬師寺式瓦や藤原宮式瓦があることがわかる。観世音寺創建軒平瓦の瓦当（がとう）を飾る忍冬唐草文は、銅鐘の部分で述べたように、六七五年前後に宝相華（ほうそうげ）唐草文（からくさもん）へと次第に変化していく。流麗でしっかりとした文様意匠の観世音寺創建瓦に対し本薬師寺式瓦・藤原宮式瓦の手抜きした瓦当文様の粗雑な作り（図3―3）をみれば、系譜は歴然としている。軒丸瓦の製作技法をみても、観世音寺創建瓦（図3―2）は下顎が段顎（だんあご）になっている。そのモデルと考えられる観世音寺出土の川原寺式瓦（図3―1）はそうではないが、川原寺式には同様に下顎が段顎になる例がある。しかし、本薬師寺式瓦・藤原宮式瓦はそこが省略されている。地域差はあっても、造寺・造宮を実践する役所の出自は同じなのだから、地方が先行する現象は容易に起こりえよう。

　創建の老司Ⅰ式瓦は、観世音寺から約一〇キロ離れた福岡市南区の老司（ろうじ）瓦窯跡と三宅瓦窯跡

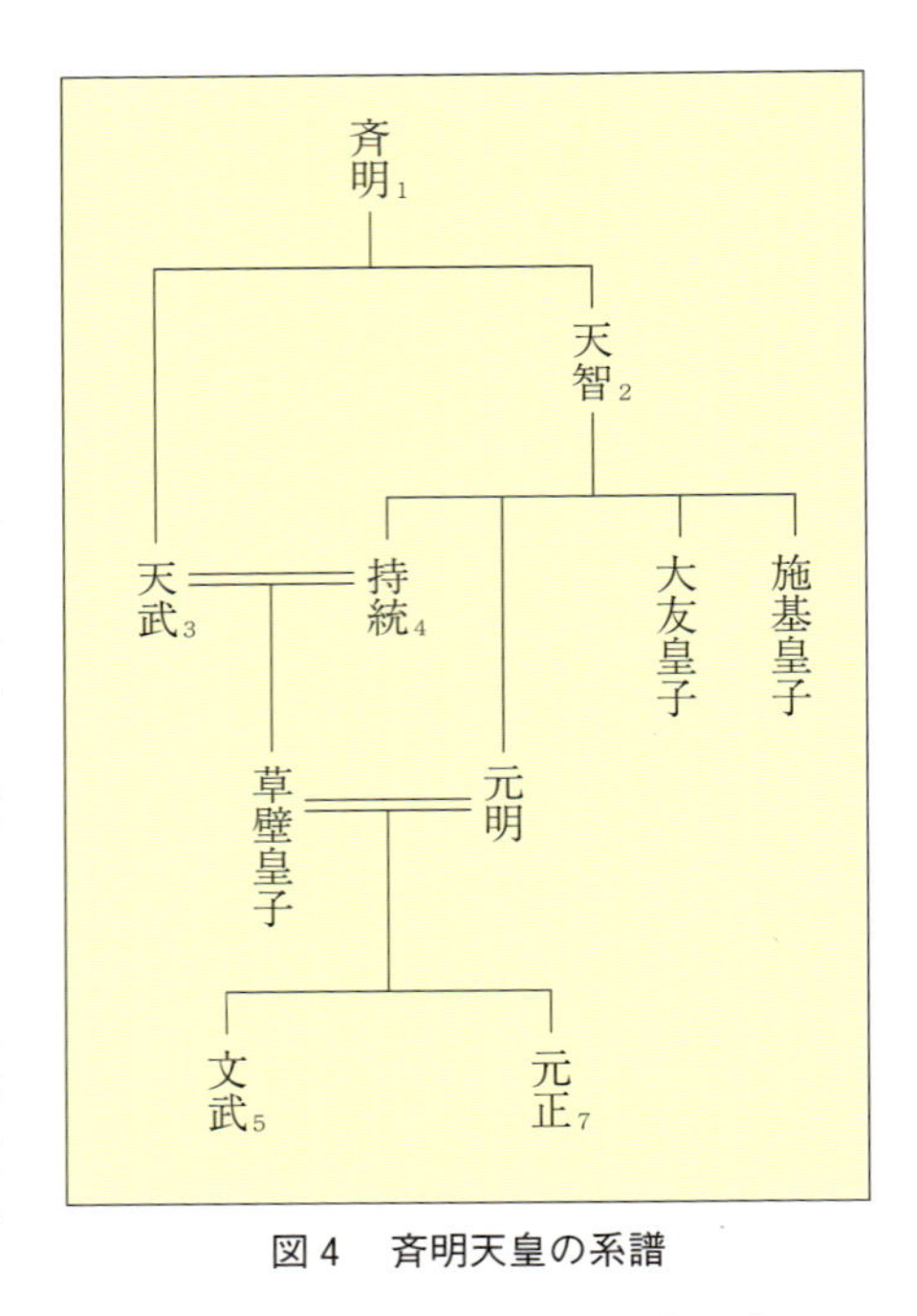

図4　斉明天皇の系譜

で焼かれている。このうちの老司瓦窯跡が二〇〇六・〇七年に福岡市教育委員会によって発掘調査されたが、焼成開始の時期、すなわち観世音寺の創建に関する成果は得られていない。発掘された遺跡は保存されるとともに、「国史跡観世音寺境内及び子院跡 附 老司瓦窯跡」として国史跡に指定されている。

観世音寺造営について重要な事実が忘れられている。斉明天皇の追福のために天智天皇によって発願された観世音寺の一応の完成を六八六年とすると、それは天武天皇のときになる。また七〇九（和銅二）年に元明天皇が造営の促進を促している。天智・天武両天皇は斉明天皇の子供であり、元明天皇そして天武の皇后だった持統天皇は天智天皇の子供、斉明天皇の孫にあたる（図4）。これらの天皇は律令国家の基礎を確立するために指導力を発揮した実力派であって、その直祖である斉明天皇を追福する天智天皇発願の伽藍造営の遅延は、天皇の権威の否定・不服従であってそれは考えられない。

それでは、七四六（天平十八）年の「供養」は何を意味するのだろうか。観世音寺が『日本書紀』にはじめて記録されるのは、七〇九（和銅二）年に元明天皇が「筑紫観世音寺は淡海大津の宮に御宇天皇（天智天皇）が後の岡本の宮に御宇天皇（斉明天皇）のおんために誓願し基するところなり。年代を累ぬといえども今に迄もいまだ了らず。よろしく大宰は商量し、駈使丁五十人ばかりを充て、すなわち閑月を遂いて人夫を差発し、もっぱら検校を加えて、早く営作せしめよ」と造営を促進させる詔を出されている記事だが、これを観世音寺の伽藍の未完成として考えようとする説がある。しかし永らく未完成である伽藍の建設促進に人夫を五〇人くらい増員したところで工事が進捗するものであろうか。これは伽藍の未完成というよりも、当時の寺院の「供養」が東大寺の大仏開眼供養のように本尊の造立を意味することを考えれば、本尊の未完成にほかならない。『源平盛衰記』が「大宰府観世音寺造立供養アリ」とするのは、意味のあることである。

5　寺域の四至

こうして創建された観世音寺には、『延喜五年資財帳』によると、大和法隆寺をやや上回る三七字の堂塔・建物があった（表2）。

表2　観世音寺の堂塔一覧

堂宇		屋根	長（桁行）	幅（梁行）	高	延喜五年の状況	備考	章
南大門		瓦	4丈4尺	2丈2寸	1丈1尺4寸	全		仏殿章
中門		瓦	4丈4尺	2丈4尺	1丈6尺8寸	全		
五重塔		瓦	——	——	——	全		
金堂		瓦	5丈4尺	3丈4尺5寸	1丈4尺5寸	破損		
講堂		瓦	10丈	5丈1尺	1丈3尺	全		
鐘楼		瓦	——	1丈6尺	1丈6尺	全		
経蔵		瓦	2丈	——	——	全		
僧房	大房	瓦	34丈2尺	3丈5尺5寸	1丈4尺	破損		僧客房章
	小子房	瓦	19丈5寸 22丈8尺5寸※	1丈4尺	1丈	全	元慶四年に増築	
	小子房	板	11丈	1丈1尺	9尺5寸	無		
	馬道屋	瓦	6丈2尺	1丈5尺	8尺6寸	全		
	客僧房	檜皮	4丈	1丈7尺	1丈3寸	大破不用		
	客僧房	草	4丈	1丈5尺8寸	9尺	無		
菩薩院	門屋	板	1丈	6尺5寸	4尺5寸	破損		仏殿章
	堂	檜皮	4丈5尺	3丈3尺	——	破損		
戒壇院	堂	檜皮	5丈	1丈5尺5寸	1丈□尺	全		
	礼堂	板	5丈	1丈6尺5寸	9尺	無		
	東門屋	瓦	1丈	7尺	9尺	全		
	西門屋	檜皮	1丈5尺	7尺	1丈	全		
温室屋		苄	2丈8寸 2丈8尺※	1丈7尺1寸 ——※	1丈1尺4寸 4尺※	無 —※		温室物章
大衆院	北厨	檜皮	8丈7寸	2丈	1丈7寸	無		大衆物章
	西厨	檜皮	7丈5尺	——	1丈2尺5寸	全		
	竈屋	瓦	5丈	3丈2尺	——	大破		
	水屋	草 板※	3丈3尺 3丈2尺※	—— 1丈3尺※	1丈 8尺※	無 全※		
	備屋	板	6丈	2丈	9尺	大破		
	碓屋	草	3丈3尺	1丈8尺	9尺6寸	無		
	東方板倉	苄	1丈5尺5寸	1丈3尺	7尺4寸	新造全	移立政所院	
	南方板倉	草	1丈6尺	1丈4尺	9尺5寸	全		
	造瓦屋	草 萱※	5丈 3丈2尺※	3丈 1丈2尺※	身屋高7尺 2丈4尺※	無 無※	有大衆院移立政所院	
政所院	屋	苄	4丈6尺	1丈7尺5寸	1丈	小破		
	東板倉	檜皮	2丈2尺	1丈5寸6分	1丈1尺	小破		
	第二板倉	檜皮	1丈7尺	1丈5寸	1丈2寸	全		
	西第二板倉	草	1丈5尺5寸	1丈3尺	8尺7寸	全		
	第五亀甲倉	苄	2丈6尺	2状6寸	1丈2尺4寸	破損		
廁		草	3丈	1丈1尺	1丈3尺	小破修理		
西第北板倉（四カ）		— 萱※	1丈2尺 1丈1尺※	2丈3尺5寸 ——※	—— 7尺4寸※	無 破損※		
西方間屋		檜皮	2丈2寸	1丈3尺	9尺3寸	——		

※印は新築・増築後の記録

これらのうちの金堂・講堂・五重塔などからなる主要伽藍は、次章で紹介するように、観世音寺式伽藍配置とよばれる鎮護国家のための典型的な配置になっていた。『延喜五年資財帳』および発掘調査の成果は、主要伽藍の周りの様相を明らかにしている（図5）。

寺域の四至については『延喜五年資財帳』山章に

御笠郡　大野城山壹處

四至　従寺以北限大野南墉邊遠賀門下道　東限大野冂川　南限路　西限松岳幷學處東小路　南限大野

とあり、学校院との境界を争った一〇二一（寛仁五）年文書にも

寺領四至　従寺以北　限大野南墉邊遠賀門下道　東限大野川原　南限大野川　西限松岳幷學校東小路　南大野川

とある。

「西限松岳幷學處東小路」「西限松岳幷學校東小路」とある西限は寺域を考える基準になる。**図5**で、観世音寺の中軸線から西に一・五町のところに南北線を引いているが、発掘調査をすると、南北線の少し東に学校院の東を限る築地と小道、さらに狭い空間地を挟んでその東を走る現在の道路があり、その道の西に接して別の史料で松埼小溝とよばれている溝が記録された通りに検出されている。中軸線から東に一・五町の地点にも南北道路が現在走っている。南は

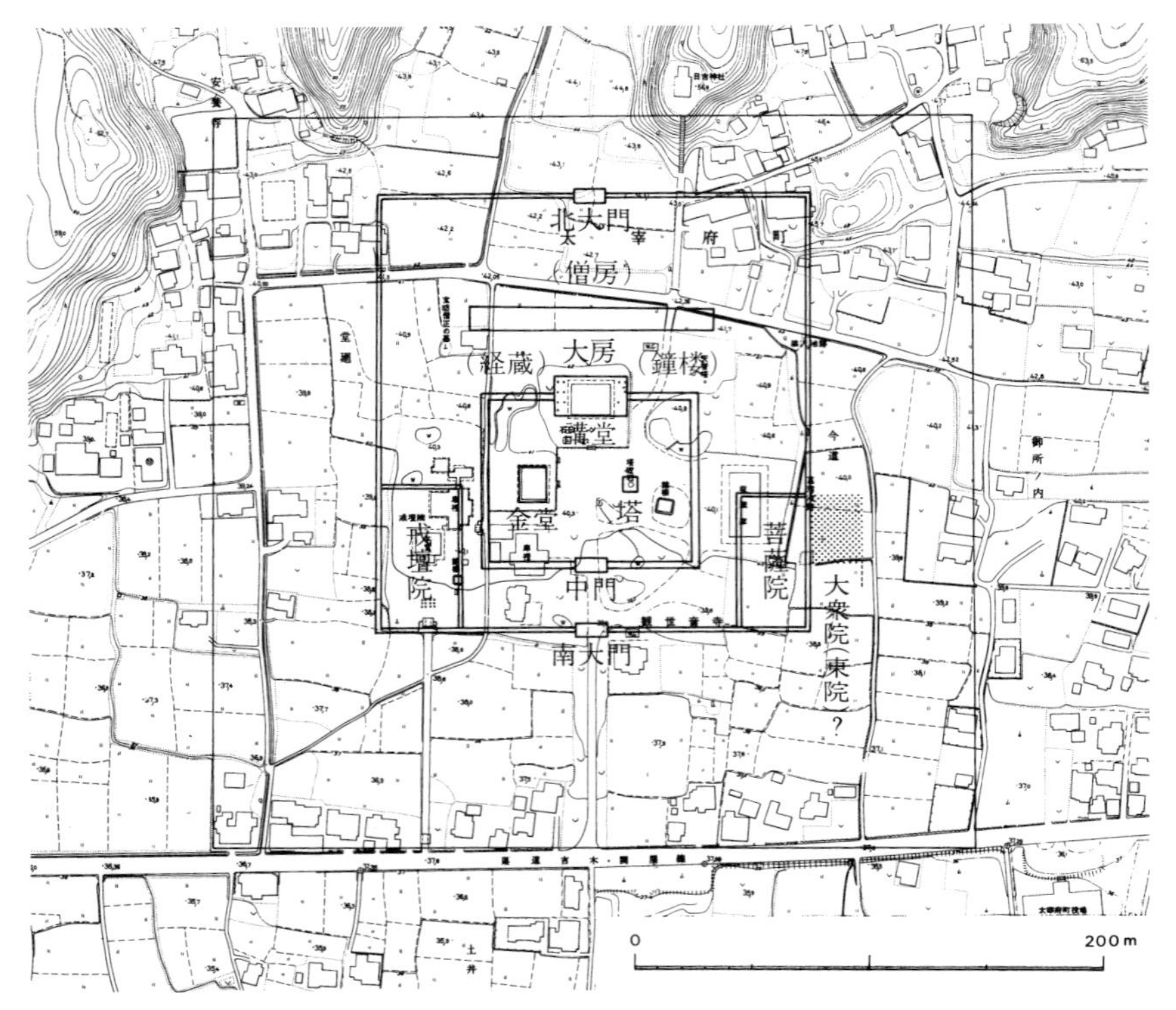

図５　観世音寺式の伽藍配置

山章の「南限路」が参考になる。この路は、政庁南面を東西に走る五条大路を意味する。南北線と金堂・塔の中軸線の交点から五条大路までは一・五町をはかる。これらの数値、すなわち学校院東小路や松埼小溝の位置、現在の市道、五条大路の位置にある県道関屋山家線が伽藍中枢からそれぞれ一・五町あることを参考にすると、観世音寺は方三町の寺域をもっており、そこに附属建物を配していたと考えられる。

寺域の北限は大野城の南石垣遠賀門の辺りになる。朝鮮式山城で六六五年に築城された大野城は観世音寺の北にあり、そこに土塁・石塁と太宰府口城門とよばれる門跡があるから、太宰府口城門の名称が遠賀門であったことと、大野城に接するところまでが観世音寺の領域であったことが知られる。東限と南限を大野川としている。南限の大野川、つまり現在の御笠川は五条大路からかなり南に下がるが、近年の耕地整理以前は五条大路のすぐ南から低地になっていたので、大野川がこの辺りを流れていた可能性がないわけではない。しかし東側にはその可能性は無い。これは『延喜五年資財帳』の記載が山章であるように、方三町の寺域の東・南・北方には山林や寺田などの寺領が広がっていたことを意味すると考えられる。

堂塔・建物では、「観世音寺絵図」に表現されるように、築地に囲まれた主要伽藍部の発掘調査が進んでいるが、方三町の区画と主要伽藍の間の調査は、南面部を除いて進んでいない。ただ築地内東南隅の菩薩院の築地外側（東側）で平安時代を中心とした道と溝・柵列で囲まれた一画が検出されている。北側のほぼ中央に門が開き、東西路に面している。東西路はおそらく東大門に続くのであろう。この一画には十二世紀中ごろから十四世紀にかけての遺構を中心とする建物群の所在を示す多数の柱穴があり、井戸が密集していた。遺構保存のため調査されていないが、下層にも遺構がある。唐三彩・絞胎（こうたい）などの中国陶磁、坩堝（るつぼ）・鞴羽口（ふいごはぐち）・炉壁片（ろへきへん）・鉄滓（てっさい）・銅滓（どうさい）などの鍛冶生産関係遺物など、遺物も多く出土している。須恵器に「東院」「厨」と墨書された例（図6－3・5）があり、生活臭の濃さもあって『延喜五年資財帳』大衆物章に厨や

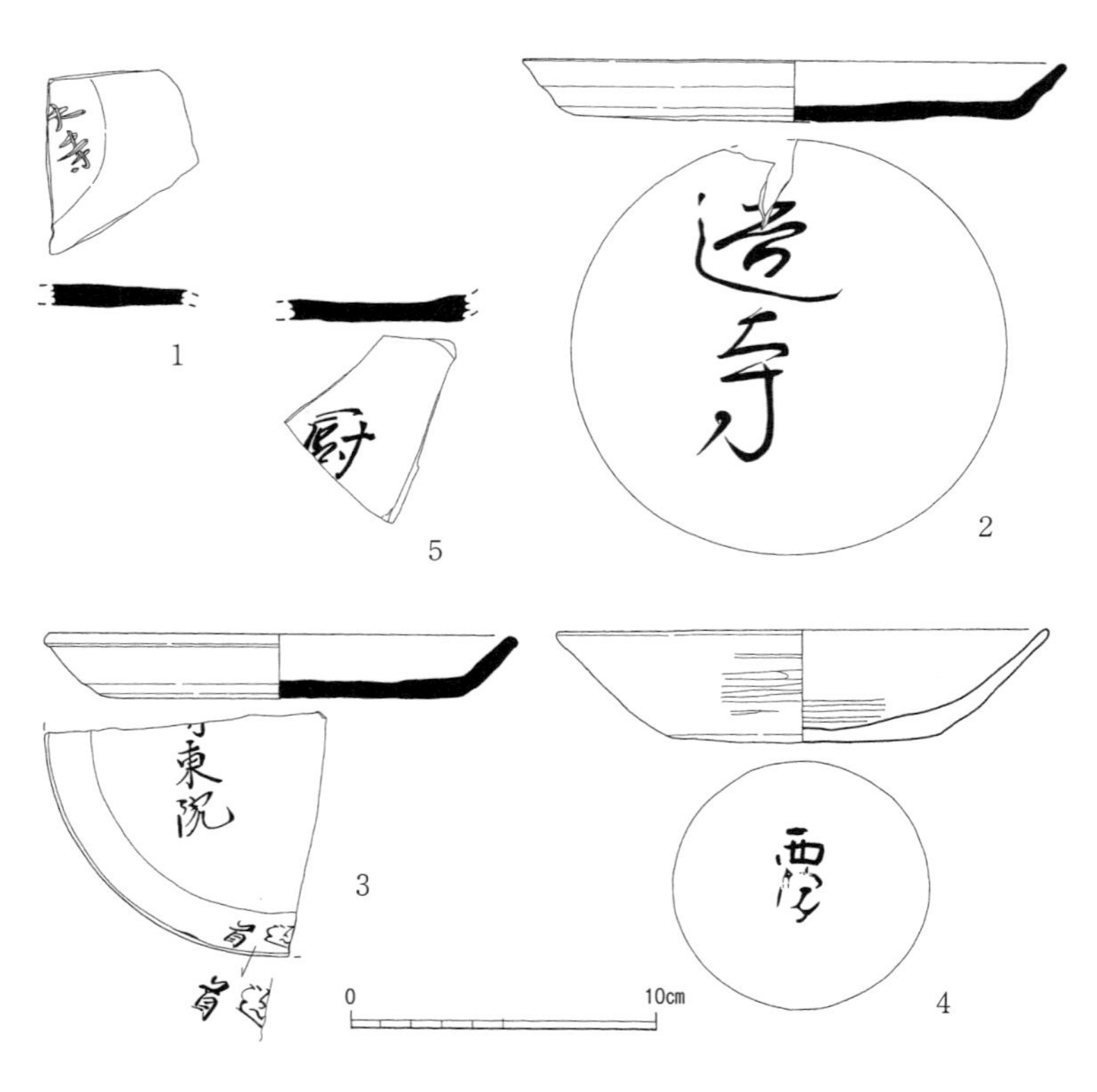

図6　出土の墨書土器（1：大寺，2：造寺，3：東院，4：西院，5：厨）

竈屋・水屋などがあったと記録する「大衆院（たいしゅういん）」がここにあったと推定されている。

菩薩院と対称の位置にある戒壇院には西門がある。調査されていないが、おそらくそこには西門で連絡できる政所院（まんどころいん）があり、西院と通称されていたのであろう。別の地点からではあるが「西院」墨書土器が出土（図6－4）しており、その可能性を強めている。この政所院をはじめ寺域内築地外の発掘調査はまだ実施されていないが、多くの成果が期待できる。

伽藍配置どころか寺名すら伝わらないことの多い古代の地方寺院にあって、主要伽藍配置のみならず寺域・寺領までもかなり把握できる点に観世音寺の重要性がある。

Ⅲ　鎮護国家の寺

1　観世音寺の伽藍配置

観世音寺の伽藍配置は、遺存する講堂・金堂・五重塔・南大門などの礎石や戒壇院の位置、九州歴史資料館による発掘調査の成果、東京芸術大学に所蔵されている国宝の『延喜五年観世音寺資財帳』の記録、観世音寺に伝えられている平安時代末期の様相を伝える「観世音寺絵図」、そして繰り返された再興の歴史をもつにもかかわらず現在に継承されている伽藍配置などから検証される。こうして明らかとなる堂塔の配置を観世音寺式伽藍配置とよんでいる。

観世音寺式伽藍配置は、講堂と中門で囲む回廊の内部に、西に東面する金堂と東に五重塔を向かい合わせるように配した特徴をもつ。この伽藍配置は、講堂の南に金堂（中金堂）、その南に塔、そして中金堂とともに塔を囲むように塔の東西に西金堂・東金堂を配する一塔三金堂式の飛鳥寺（あすかでら）式伽藍配置を原型とする。それを東金堂の位置に塔を移して一塔二金堂式に簡略化した川原寺式伽藍配置の系譜にあり、さらに中金堂の位置に講堂を移して一塔一金堂型式に簡略化したと考えられている（図9）。一塔一金堂式では法隆寺式伽藍配置や法起寺伽藍配置が知られているが、観世音寺式伽藍配置は西側に置かれた金堂が東面する特徴がある。一塔三金堂式の飛鳥寺式伽藍配置、一塔二金堂式の川原寺式伽藍配置がそれぞれ飛鳥寺と川原寺の各一寺しか無いのに対し、一塔一金堂式の観世音寺式伽藍配置は後述するように日本列島の各地に一五寺あり、川原寺式伽藍配置の簡略化というよりも、この型式が観世音寺式で定まったことを物語る。さらに西側に金堂が配されるものの南面するようになる法起寺式伽藍配置へと連なっていく。

発掘調査の成果と堂塔の規模の数値を残す『延喜五年資財帳』を比較すると、講堂や僧房（大房）の数値にわずかな違いがある。五重塔のみは数値が欠落している。また「観世音寺絵図」には六棟あるはずの僧房が大房一棟しか描かれていない。そこで五重塔と大房について『延喜五年資財帳』と発掘調査の成果を例示してみよう。

五重塔は『延喜五年資財帳』に

瓦葺五重塔壹基　戸肆具　鐸四口　无實風朽十四枝

とあり、その現状を点検した後に、「右　貞観十三年八月十二日大風中破今校修理全」、つまり八七〇

図７　絵図に描かれた五重塔と心礎

年に大風で中破したものの修理されて問題ない現状にあると記録している。塔の規模を示す数値は記載されていないが、幸いなことに塔心礎や四天柱礎・側柱礎など礎石四個が遺存している（図7）。塔初層の一辺が二〇尺（六・五尺＋七尺＋六・五尺）になると復原され（鏡山猛「大宰府と観世音寺の礎石について」『史淵』一〇一輯、九州史学会、一九六九年）、九州歴史資料館によって確認されている。

初層の一辺を二〇尺とする例は奈良県川原寺（六・六七尺×三）、大阪府野中寺（六・七五尺＋六・五尺＋六・七五尺）、愛媛県法安寺（六・五尺＋七尺＋六・五尺）などの類例がある。さらに発掘調査で、塔基壇の最下層の石列および階段の地覆石が検出され、一辺一五メートル（五〇尺）からなる裾部の規模をもつ東西に階段を付けた基壇が復原されている。裾部に対して塔の規模が小さいので、二重基壇であったと推定できる（小田和利編『観世音寺』伽藍編』九州歴史資料館、二〇〇五年）。この点も川原寺の基壇裾部の一辺が三九尺、野中寺と法安寺が四〇尺であることからすれば二重基壇であったとして誤りなかろう。

『延喜五年資財帳』僧客房章によれば、大房は

瓦葺大房壹宇　長卌四丈二尺 高一丈四尺　廣三丈五尺五寸

貞観三年小破　西方端間傾椅 房内柱五枝朽損

卅三間壁六間顛倒高各一丈二尺十六年中破

とあるから、長さが三四丈二尺、幅が三丈五尺五寸で、柱間が三三間（卅三間）壁であったことになる。奈良時代の一尺は二九・七センチほどであるから、長さ一〇一・六メートル×幅一〇・五メートルほどの長大な堂宇になる。発掘調査で検出された大房は中央に一七尺、その両隣に一五尺の柱間をもち、それらの東西に一〇尺三間からなる房が各五室あったという史料のように復原できる柱間をもっていた（図8）。したがって三三間壁になるが、三三間の総計は長さ三四七尺になり、『延喜五年資財帳』よりも五尺長くなる。梁行についても、柱間九尺×二間の主室の両端に八尺の側室が付くから三四尺になって、三五尺五寸とする『延喜五年資財帳』とはわずかながら一致しない。このような小異は講堂などにもみられる。

僧客房章によれば、僧房は大房壹宇・小子房貳宇・馬道屋壹宇・客僧房貳宇の六棟があった。

図８　絵図に描かれた大房と復原された礎石の配置

大房の北側の調査地はすでに削平されていたが、無遺構部分が五カ所あり、ここに小子房（しょうしぼう）らの五房があったと推定されている。

『延喜五年資財帳』に記載された堂宇が発掘調査によって確認できることは大きな意味をもっている。検出された金堂はやはり南北棟で東面しており、その特徴は「観世音寺絵図」にも表現されている。小異はあるものの、創建以来の古代の観世音寺はおおむね「観世音寺絵図」（図56）のような景観であったとみられる。そしてこの景観が観世音寺式伽藍配置である。

2 伽藍配置の類型

古代の寺院の伽藍配置は、中世以降のそれとは異なり、飛鳥寺式伽藍配置や川原寺式伽藍配置のようにいくつかの類型にまとめられている。ただ、飛鳥寺式伽藍配置や川原寺式伽藍配置が飛鳥寺および川原寺の一寺に限られるのに対し、観世音寺式・法隆寺式・法起寺式・薬師寺式・四天王寺式の各伽藍配置は各地の寺院にみられる。それらは、おそらく教義的な理由で、共通項をもっていると考えられるが、貞清世里氏の論考(「観世音寺式伽藍配置と大寺」『東アジア古文化論攷』中国書店、二〇一四年)を除いてあまり検討されていない。しかし類型の基本が一塔三金堂式の飛鳥寺式伽藍配置に求められるのは明らかである(図9)。

飛鳥寺式伽藍配置は飛鳥寺(法興寺)にはじまるのではなく、朝鮮民主主義共和国平壌市にある高句麗の清岩里廃寺・定陵寺や韓国扶餘市の百済寺院である軍守里廃寺・王興寺などに祖型がある。飛鳥寺の創建にあたって百済から仏舎利・僧・寺工・露盤博士・瓦博士・画工などが渡来しているから、直接には五七七年の王興寺建立の知識や技術が可能にした伽藍配置であろう。この飛鳥寺式伽藍配置のうち、中軸線上にある講堂・金堂(中金堂)・塔・中門だけを取り出したのが一塔一金堂式の伽藍配置で、四天王寺式伽藍配置とよばれている。扶餘定林寺や金

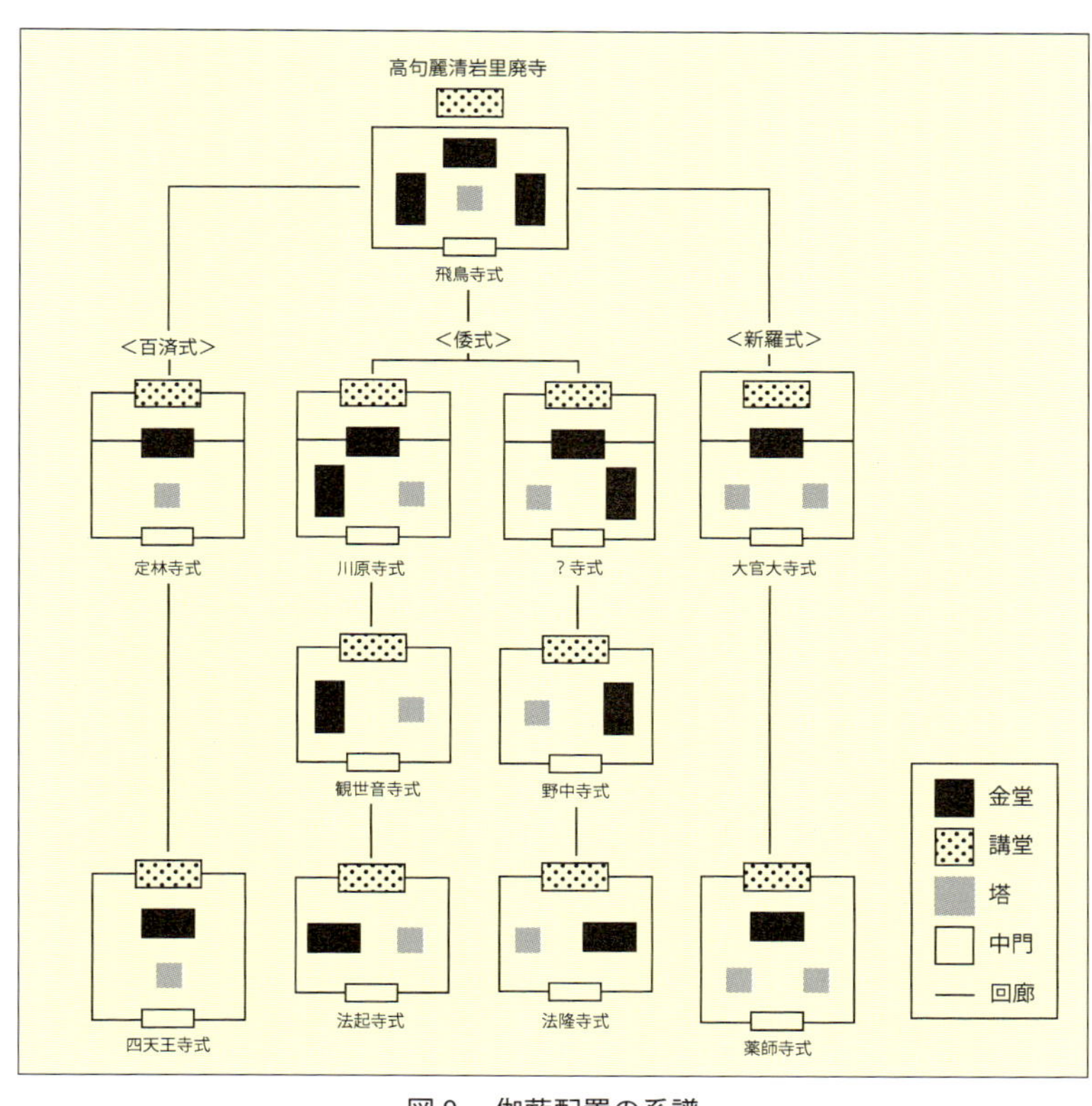

図9　伽藍配置の系譜

剛寺・益山弥勒寺などの百済の寺院に特徴的な伽藍配置（金正基「百済・新羅の古代寺院について」『大宰府と新羅・百済の文化』学生社、一九八八年）で、百済式伽藍配置といえる。慶州市にある新羅の創建期皇龍寺も四天王寺式伽藍配置をとっているが、重建するにしたがって四天王寺式伽藍配置を三列に並べた形態の益山弥勒寺に近づき、統一新羅期になると感恩寺・四天王寺・千軍里廃寺・仏国寺のような東西の金堂の位置に中央の塔を移した二塔一金堂式の薬師寺式伽藍配置に統一されていく。

したがって薬師寺式伽藍配置は新羅式の伽藍配置といえる（前掲金論文）。

飛鳥寺式・四天王寺式・薬師寺式の伽藍配置が朝鮮半島で成立したのに対し、川原寺式伽藍配置は飛鳥寺式伽藍配置のうちの東金堂の位置に塔を移した簡略形として飛鳥で考案される。さらに中金堂の位置に講堂を移したのが観世音寺式伽藍配置で、東面する金堂の向きを九〇度変え南面させたのが法起寺式伽藍配置になる。川原寺式伽藍配置とは反対の、西金堂の位置に塔を移した簡略形も存在するはずだが、まだ遺跡は知られていない。しかし、中金堂の位置に講堂を移し、西面する金堂と西側に塔を配する野中寺式伽藍配置、西面する金堂を南面させた法隆寺式伽藍配置が存在するから飛鳥寺式伽藍配置と野中寺式配置を接続させる飛鳥寺式の西金堂の位置に塔を移した簡略形は確実に存在しよう。

述べてきたところを図9に示したが、古代寺院の伽藍配置の完成形は多数の例がある四天王寺式・法起寺式・法隆寺式・薬師寺式ということになる。変遷の途中にある伽藍配置は一例程度しか無いが、ただ観世音寺式伽藍配置のみは一五例の多くを数える。類型の共通には何らかの意味があろうが、その意味は解明されていない。ところがこれもまた例外的に、川原寺式伽藍配置から法起寺式伽藍配置への変遷過程の途中にある観世音寺式伽藍配置だけは、官寺特有の伽藍配置という類型の共通因子を明らかにできる。

3　観世音寺式伽藍配置をとる寺院

観世音寺式伽藍配置をとる寺院に、標式である福岡県太宰府市の観世音寺と宮城県多賀城市の多賀城廃寺があることは、よく知られている。両寺が都を境に日本列島の東西端に置かれた大宰府と多賀城という重要官衙(かんが)に付属する寺院であることから、これまでも官寺特有の伽藍配置であると評価されてきた。

近年、多賀城に近い山王遺跡から「観音寺」と墨書された土器が出土したことにより、多賀城廃寺の寺名は観世音寺であった可能性が強くなってきている。ことに須田勉氏は「多賀城廃寺は筑紫観世音寺に対する陸奥観世音寺なのである」とし、前身の郡山廃寺もまた陸奥観世音寺としている(「古代地方行政機関の整備と画期―初期長屋王政権の対地方政策をめぐって―」『日本考古学』一五号、日本考古学協会、二〇〇三年)。

大宰府観世音寺は七〇九年の元明天皇の詔にすでに筑紫観世音寺と表現されている。対する多賀城は七二四(神亀元)年ごろに設置されたと考えられているが、仙台市の郡山遺跡で検出された官衙遺構が前身施設としての多賀柵とされており、そうであれば七世紀中ごろに成立している。その郡山遺跡に付属するのが観世音寺式伽藍配置をとる郡山廃寺で、この寺院と観世音寺を比較すると時間差が無くなる。平城京の薬師寺に対して下野薬師寺というように、筆者は平城京の羅城門近くに所在する観世音寺に対しての筑紫観世音寺であろうと考えていた。しかし、観世音寺と郡山廃寺の時間的な整合を考慮すると、須田氏のご指摘のように、日本の東西端にある観世音寺の分別としての筑紫観世音寺と陸奥観世音寺であろうと考えを改めている。

現在、観世音寺式伽藍配置をとる、あるいは推定される古代寺院として次の一五寺が知られている（高倉洋彰・貞清世里「鎮護国家の伽藍配置」『日本考古学』三〇号、日本考古学協会、二〇一〇年）。東からみると、

①　秋田県秋田市鵜ノ木　秋田城付属Ⅰ・Ⅱ期寺院
②　山形県酒田市堂の前　堂の前廃寺（出羽四天王寺）
③　宮城県多賀城市高崎　多賀城廃寺（陸奥観世音寺）
④　宮城県仙台市太白区郡山　郡山廃寺（陸奥観世音寺）
⑤　福島県いわき市平下大越　夏井廃寺
⑥　滋賀県大津市穴太　穴太廃寺（後期穴太廃寺創建寺院）
⑦　滋賀県大津市滋賀里　崇福寺
⑧　和歌山県日高郡日高川町鐘巻　道成寺
⑨　鳥取県倉吉市駄経寺町　大御堂廃寺

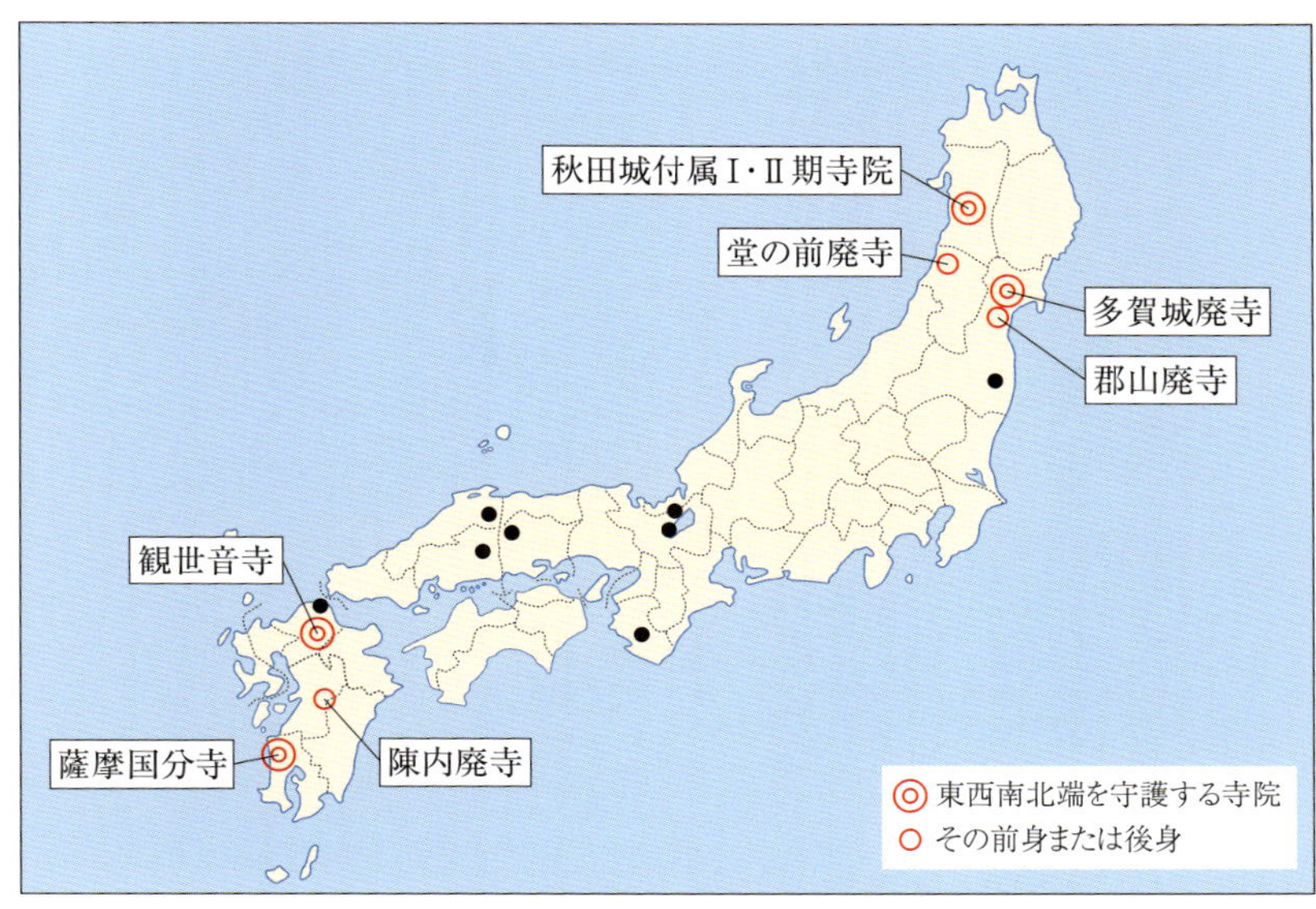

図10　観世音寺式伽藍配置をとる寺院の分布

⑩　岡山県真庭市上水田　英賀廃寺
⑪　広島県府中市元町　伝吉田寺
⑫　福岡県京都郡みやこ町　上坂廃寺
⑬　福岡県太宰府市観世音寺　観世音寺（筑紫観世音寺）
⑭　熊本県熊本市陳内　陳内廃寺
⑮　鹿児島県薩摩川内市国分寺町　薩摩国分寺

になる（図10）。

これらの寺院の多くは七世紀代に創建されている。もっとも古期に位置付けられるのは崇福寺⑦で、天智天皇が近江大津京に遷都した六六七年の翌年の創建と考えられている。第Ⅱ章で指摘したように観世音寺の供養（完成）の遅れは本尊の造立の遅れであろう。天智天皇は母帝の斉明天皇の追福のために大慈大悲で衆生を救う観世音菩薩の名前を冠する観世音寺を発願したが、おそらく聖観世音菩薩が本尊に予定されていたと思われる。しかし、伽藍建設途中で寺の性格に鎮護国家の寺院としての役割が加わり、聖観世音菩薩には鎮護国家にふさわしい性格を欠如することから、寺名に一致する本尊の選択に窮したであろうことは容易に推測できる。観世音菩薩のなかでも剣と羂索で辟邪するいわば武闘的性格をあわせもつ不空羂索観世音菩薩の造像の根拠となる不空羂索呪経は、七三五（天平七）年に学問僧玄昉によって経論五千余巻や諸仏像とともにもたらされたと考えられ、これによって鎮護国家にふさわしい観世音菩薩像の造立が可能になった。実際に、鎌倉時代に再興された不空羂索観世音菩薩の体内に、創建像の顔部塑像破片や頭部心木とともに不空羂索神呪心経が納められていた。

　このように聖観世音菩薩から不空羂索観世音菩薩へと本尊に変更があったために、完成（供養）が遅れたとみられる（錦織亮介「観世音寺と不空羂索観音菩薩像」『仏教芸術』一〇八号、毎日新聞社、一九七六年）。崇福寺⑦さらに穴太廃寺（後期穴太廃寺創建寺院）⑥の大津京での建立は、白村江の敗戦にともない列島内部の軍事基地化のなかでの近江京遷都にともなうことと、仏法による王城守護であることから、これも鎮護国家のためであろう。

　そこで図10をみると、観世音寺式伽藍配置をとる寺院は、近江大津京とともに日本列島の東西端である東北（郡山廃寺④・夏井廃寺⑤）と九州（観世音寺⑬・上坂廃寺⑫・陳内廃寺⑭）、そして中国地方（大御堂廃寺⑨・英賀廃寺⑩・伝吉田寺⑪）に分布しているが、それは意味があることであろう。

4　分布の特徴と意味

まず東端の様相をみておこう。東北で最初に建立される観世音寺式伽藍配置の寺院は郡山廃寺④である。郡山廃寺は、蝦夷対策前線基地である多賀城の前身の多賀柵（陸奥国府）と考えられる郡山遺跡のⅡ期官衙に付属している。Ⅱ期官衙の政庁正殿北側の池は蝦夷の服属儀礼に使用されたと考えられているように、軍事施設であると同時に行政機能をもつ官衙である郡山遺跡に付属していたことは、郡山廃寺が蝦夷を仏教によって教化し、武運長久などの軍事行動の安全を祈念する役割を果たしていたと考えてよい。多賀柵は後に多賀城へと移転拡大していくが、東北の城柵の中心であり、鎮護国家のための寺院であったといえる。移転後の多賀城廃寺③が同じ性格をもったであろうことは、寺号が大宰府の付属寺院と同じ観世音寺であったことから明らかである。ただ、磐城郡衙付属寺院である夏井廃寺⑤に同じ性格を求めることは難しい。

西端の九州では七世紀代に観世音寺⑬・上坂廃寺⑫・陣内廃寺⑭、そして中国地方にも大御堂廃寺⑨・英賀廃寺⑩が近江大津京の寺院とほぼ同じ時期に創建される。

観世音寺の性格は前述したが、西海道（九州）の内政を統括するとともに、古代日本の外交の前面に立った大宰府に付属する寺院であった。大宰府の現在地への移転は白村江の敗戦を契機としており、そのため大宰府は周囲を大野城・水城・基肄城、さらにその外周を対馬の金田城から肥後の鞠智城にいたる諸城で防衛する軍事拠点でもあった。そして東北をモデルとするように、隼人対策前線基地ともいえる鞠智城とはやや距離があるものの、対隼人政策の仏教的拠点として陳内廃寺が建立されたと推測できる。

同様の視点で中国地方をみると、英賀廃寺⑩や伝吉田寺⑪の周辺には茨城・常城・鬼ノ城などの古代山城が分布する。しかもここには吉備大宰（総領）が置かれていた。西日本地域の古代山城は総領（大宰）が管轄したといわれており（森田梯「総領制について」『金沢大学教育学部紀要』四〇号、金沢大学、一九九一年、白石成二「古代総領制をめぐる諸問題―伊予総領を中心に―」『ソーシアル・リサーチ』五号、ソーシアル・リサーチ研究会、一九九二年）、そこに観世音寺式伽藍配置の寺院が置かれたことは、これら中国地方の諸寺も崇福寺や郡山廃寺・観世音寺・陳内廃寺と同様の性格をもっていたことをうかがわせている。

八世紀代に建立された寺院も同様である。七二四年の多賀城設置にともなって郡山廃寺が移転した多賀城廃寺（陸奥観世音寺）③は論証するまでもない。ほぼ同時期の七三三年に出羽柵が北進して築城された秋田城に付属する秋田城付属Ⅰ期寺院①は、日本海側において多賀城と同じ蝦夷対策前線基地の役割を果たしている。その付属寺院が観世音寺式伽藍配置をとることの意味は大きい。

九州では、陳内廃寺が南進し、八世紀後半～末に隼人と直接対峙する位置に、薩摩国分寺が創建される。こうした郡山廃寺から多賀城廃寺への北進、陳内廃寺から薩摩国分寺への南進は蝦夷・隼人を追い詰めていく様相を示している。ところが、秋田城付属Ⅰ・Ⅱ期寺院は八〇七年に山形県酒田市の堂の前廃寺②に南下する。これは陸奥に初期多賀柵とみられる郡山遺跡に観世音寺式伽藍配置の郡山廃寺が付設され、やがて多賀城廃寺（陸奥観世音寺）として北進したように、六四七年に設けられた越後国の渟足柵（ぬたり）、翌年の磐舟柵（いわふね）、山形県庄内地方に推定されている出羽柵など、秋田城にまで北進する以前の越後・出羽側の渟足柵・磐舟柵や出羽柵の付属寺院が解明されていないことの反映である。

5　東西南北端の要衝守護

観世音寺式伽藍配置が日本列島の東西南北端の拠点に設置された可能性をはじめに指摘したのは菱田哲郎氏で、「国家の領域を強く意識」しつつ、日本列島の「東西南北の要衝に布教の拠点」として置かれたことを指摘されている（「古代日本における仏教の普及」『考古学研究』二五巻三号、考古学研究会、二〇〇五年）。そして具体的に東端を宮城県多賀城市の多賀城廃寺（観世音寺・観音寺）、西端を福岡県太宰府市の観世音寺、南端を和歌山県和歌山市の道成寺、北端を鳥取県倉吉市の大御堂廃寺である可能性があるとされている。しかし観世音寺式伽藍配置をとる寺院の例を検討すると、布教はもちろんであろうが、述べてきたように軍事的拠点の行政機構に付属する寺院としての性格をうかがうことができる。

　大宰府のもとで九州の僧統を管轄した観世音寺は、宗教・文化の面において大宰府の機能を補完していた。その最高位者である講師・読師の権威は寺内にとどまらず、『延喜式』に「凡大宰観音寺講読師者、預知管内諸国講読師所申之政」とあるように、西海道（九州）管内の国衙で宗教行政を掌った諸国の講師・読師を統轄するなど、九州の仏教界そのものの統轄であった。大宰府との関係からすれば、慈悲の功徳を連想させる寺名にもかかわらず、仏法において国家を鎮護する重責を担っていた。

　ところで養老律令職員令に大宰府の長官である帥の職掌が定められているが、「祠社・戸口籍帳」から「僧尼名簿」までは諸国の国守と同じで、「蕃客・帰化・饗讌事」が特記されている。同様の特記を職員令でみると、陸奥・出羽・越後の国守に「其陸奥・出羽・越後等国、兼知饗給・征討・斥候」、壱岐・対馬・日向・薩摩・大隅の諸国守にも「惣知鎮捍・防守及蕃客・帰化」の責務がある。前者は、蝦夷を帰順させるための食糧と禄の提供（饗給）、緊急時の連絡と軍事行動（征討）、蝦夷の情況を探る間諜の配置（斥候）を責務としている。最前線の陸奥国と出羽国および越後国の三国が蝦夷対策の要地にあったからである。これら三国には「蕃客・帰化・饗讌事」の特記はないが、出羽国にその責務があったことは渤海との交流を示すと考えざるを得ない特殊な厠遺構の検出などから推測できる。

　ともあれ蝦夷対策の拠点は多賀城と秋田城であり、多賀城廃寺と秋田城付属Ⅰ・Ⅱ期寺院に仏法で鎮護国家を果たす責務が求められたことは当然であった。後者には国防（鎮捍・防守）と外交（蕃客・帰化）の責任があった。中国・朝鮮に対峙する壱岐国と対馬国には、金田城や烽が置かれていたように、平和時の外交と緊張時の国防は不可欠であった。

　隼人の居住域と境を接している日向・薩摩・大隅の三国の場合はもちろん隼人対策の前線基地としての役割があった。ただ、蝦夷に対する「征討・斥候」のような直接に軍事行動を示す言葉がないのは、七二〇（養老四）年に征隼人持節大将軍大伴旅人によって壊滅的な打撃を受けて以降、隼人の多くは朝廷に帰順し、大宰府や衛門府（後には兵部省）に置かれた隼人司によって統轄されていたからである。

　古代において仏教の普及が進んでいなかった日向・薩摩・大隅三国には、国分寺・国分尼寺以外の寺院はほとんど存在しない。したがって仏法による鎮護国家を担う寺院は「金光明四天王護国之寺」である国分寺しかなく、鎮護国家の役割を薩摩国分寺が果たすことになり、観世音寺式伽藍配置をとったのであろう。したがって伽藍配置の不明な日向国分寺や大隅国分寺にもその可能性がある。

観世音寺式伽藍配置をとる寺院のなかで創建がもっとも新しいと考えられるのは、八〇七年ごろの山形県堂の前廃寺②だが、この寺は出土墨書土器に多い「王」字から出羽四天王寺であると考えられる。同時に、国分寺が金光明四天王護国之寺であることを考えれば、出羽国分寺の別称である可能性も強い。鎮護国家の寺院としての観世音寺式伽藍配置の性格は、次第に「四天王寺」を名称とする寺院が補完するようになる。薩摩国分寺および出羽四天王寺（出羽国分寺）が観世音寺式伽藍配置をとることは、この伽藍配置の寺院として後出することからも補完の連続性を示す例となる。

養老律令職員令が定める国防の要衝は、大宰府と多賀城を中心とする日本列島の東西南北端の要衝であった。その骨格は天智天皇によって近江大津京で実践され、飛鳥京・藤原京・平城京・平安京などの首都でも、たとえば平城京羅城門の西に置かれた観世音寺のように、果たされている。直接外国あるいは蝦夷・隼人と接触する地域では、蝦夷に対する陸奥・出羽・越後三国、主として新羅に対する大宰府および壱岐・対馬の二国、そして隼人に対する日向・薩摩・大隅三国が国防の責務を担っている。そしてそこに観世音寺式伽藍配置をとる寺院が置かれている。

日本列島の東西南北端に配置された政治および軍事の拠点である多賀城・大宰府・薩摩国府・秋田城には宗教政策の面で行政府と一体となって機能する多賀城廃寺（陸奥観世音寺、前身郡山廃寺）、観世音寺、薩摩国分寺（前身陳内廃寺）、秋田城付属Ⅰ・Ⅱ期寺院（前身出羽柵付属寺院？ 後身堂の前廃寺）が付属している。それらはいずれも観世音寺式伽藍配置をとるという共通項と、隼人・蝦夷を含む外敵から仏法で日本を守護する鎮護国家の寺院であるという共通項をもっている。

鎮護国家の寺院と考え得る寺院であっても、観世音寺を除いて寺号すら伝わらない「廃寺」であるため、本尊が明らかでない。しかしその共通した性格や多賀城廃寺の寺号が観世音寺である可能性が強いことなどを考え合わせると、鎮護国家思想を体現する観世音菩薩として筑紫観世音寺の本尊と同様に、不空羂索観世音菩薩（図43）が、観世音寺式伽藍配置をとる諸寺にも安置された可能性が強いことを指摘しておこう。その他の観世音寺式伽藍配置の寺院のすべてがそうというわけではないが、大宰（総領）との関連をうかがいうる諸寺にも、地域を鎮護し安寧を願う性格を考えることはできよう。

観世音寺式伽藍配置の特徴は以上のように総括できる。これが官寺特有の伽藍配置とされてきた内容であり、道成寺を除いて、郡衙クラスの付属寺院を含め、まさに官寺の伽藍配置である。このように日本列島の東西南北端にある寺院の伽藍配置の共通性に重要な意味があること、換言すれば伽藍配置の類型に共通する意味があることが明らかになり、証明できないが本尊の共通性までも見通せるようになっている。これについては、すでに菱田哲郎氏は仏像と伽藍配置が仏教の教義を示すとして、南面する金堂には本尊として釈迦如来、東面金堂には阿弥陀如来、西面金堂には薬師如来が安置されるとされている（前掲菱田論文）。確かに観世音寺でも東面金堂には阿弥陀如来が安置されているが、集約される類型、つまり法隆寺式・法起寺式・薬師寺式・四天王寺式の各伽藍配置では金堂はすべて南面しており、他に何らかの共通項がある可能性を示唆していることを指摘しておきたい。

Ⅳ　戒壇院の設置と東大寺

1　小奈良・大宰府

全国に小京都とよばれる街は多い。これらの街は、古都京都（平安京）を思わせる町並みやたたずまいを保っていたり、その地方の文化のなかに雅やかさを残したりしている。観世音寺のある福岡県でも朝倉市秋月が小京都とよばれているし、隣県の山口市もまた代表的な小京都として知られている。しかしながら、政治的にも文化的にも平安京以前の日本の中心であった古都奈良（平城京）にちなんだ小奈良とよばれる街は寡聞にして知らない。

だが、小奈良あるいは小平城京とよばれるにふさわしい街がある。古代の政治都市大宰府が置かれた福岡県太宰府市である。大宰府は、九州（西海道）の内政を管轄したが、九州以外の諸国が中央政府に直属していたのに対し、九州諸国は大宰府に直属するなど、いわば半自治政府的機能を備えていた。さらに遣唐使や遣新羅使の派遣や唐・新羅からの使節の受け入れなどの外交、貿易や文化交流などにあたっては窓口として機能し、軍事的な緊張にあたっては国防の最前線を担った。このような重要性をもった大宰府は大宝律令のもとで最大の官司であった。その権威は、八省の長官（卿）が最高位の中務卿でも正四位上であったのに対し、大宰帥は一階上位の従三位であったように、高い。中央政府にあって現在の外務省の役割をもっていた玄蕃寮の頭（長官）は従五位上職であったが、その系列下にあると考えられる現地事務所的な大宰府蕃客所の長官は、出土木簡から正五位上職の少弐であったと推定できる。これは玄蕃寮の本庁は形式的に平城京に置かれていたが、実質的な業務は大宰府の蕃客所で行われていたことを意味するように思われる。

　さて、外務省的な役割をもつとした玄蕃寮だが、その職務は「玄」すなわち仏教関係と、「蕃」すなわち蕃客（外国使節および外国人の取り扱い）関係からなっている。平安時代にはいり遣唐使・遣新羅使や遣渤海使の派遣・饗応などの外交業務が過疎になってくると、その職務は仏教関係中心になってくるから、玄蕃寮を外務省的な機能をもつ役所とすることはできなくなってくる。

図11　戒壇院（現状と観世音寺絵図の一部）

2　東大寺の戒壇授戒

玄蕃寮の仏教関係の職務のなかでも重要なものが東大寺戒壇院における登壇授戒であった。

観世音寺の境内でバスガイドさんの案内を何気なくうかがっていると、戒壇院（図11）で戒を授かることを出家得度と勘違いされている。バスガイドさんだけでなく、多数の方がそう考えられているようだが、実際にはそのようなものではなく、登壇受戒までの道のりは厳しい。「延喜式」や「東大寺授戒方軌」によれば、出家し得度を許されると沙弥（しゃみ）・沙弥尼（しゃみに）になるが、この段階で難関の試験を突破し、得度証明書である度牒（どちょう）を得ておく必要がある。そのうえで戒を受けるための資格試験があるが、これに合格してはじめて受戒の機会が生ずる。受戒を希望する僧尼は三月上旬に戒壇院に集合し、度牒と申文を提出して、戒壇院および玄蕃寮の審査を受ける。ここに玄蕃寮があらわれる。ともあれその審査を経て受戒を申し込むことができる。

東大寺戒壇院の授戒は毎年三月十一日から八日間と決まっていた。授戒には大十師・小十師の二〇人の戒師があたり、一人でも欠ければその年の戒は授けないという厳格さがあった。大十師は戒和上・羯磨師・教授師の三師と戒証師・説相師などの七証の、清浄持戒大徳の三師七証からなり、戒を授け受戒を証明する戒牒を与えた。小十師は受戒者のための儀式上の世話を行う堂達師や授衣師などからなるが、この数が一年の受戒者数を意味した。つまり東大寺戒壇に於ける受戒者は毎年一〇名に過ぎなかった。

先に、大宰府は九州の内政を行う半自治政府であったとした。それは仏教においても同様で、諸国国分寺を統轄した東大寺の役割を九州（西海道）では観世音寺がになった。同様におそらくは東国においては下野薬師寺がその役割をになった。この三寺に、東大寺に七五五（天平勝宝七）年、観世音寺・下野薬師寺には七六一（天平宝字五）年に、「天下之三戒壇」と称された戒壇院が置かれたからである。それが、府大寺観世音寺の権威の源泉の一つとなり、観世音寺講師の恵運が八三三（天長十）年に「奉勅、被拝鎮西府観音寺講師兼筑前国講師、以為九国二島之僧統」と記録したように、国分寺をはじめとする九州の諸寺を統轄した。それは「中央政府↓大宰府↓西海道諸国」という行政上の序列を、仏教寺院においても「東大寺↓観世音寺↓

西海道諸寺」として反映したものであった。まさに小東大寺であった。さらに九州には諸国国分尼寺を統轄する法華寺に相当する寺院が無く、その役割も観世音寺にあった（髙倉洋彰「『続日本紀』の筑紫尼寺」『年報太宰府学』七、太宰府市総務課情報・公文書館推進課市史資料室、二〇一三年）し、西海道諸国の国衙で仏教行政を管轄していた国講師（くにこうし）・国読師（くにどくし）をも管理下に置いていた。このように観世音寺は九州の僧寺尼寺を統轄する府大寺であった。

さて、玄蕃寮における「玄」、つまり仏教関係の職務は、「延喜式」などによると畿内十五大寺をはじめとする東大寺戒壇の授戒範囲のみに及んでいた。つまり九州には及んでいない。したがって「玄」の文字はみられないものの、大宰府では蕃客所がその職務をになったと考えられる。観世音寺における登壇授戒の内容は知られていないが、時代が下った一一〇〇（康平二）年に、東大寺は東大寺大法師光清を観世音寺の登壇戒師および別当に補任するよう官に請うている。その理由として、観世音寺と下野薬師寺の授戒戒師が代々東大寺の補任によっていたことをあげている。これは両寺における登壇授戒が東大寺と同じ内容であること、すなわち先にあげた東大寺の戒壇に関する説明を、東大寺を観世音寺、玄蕃寮を蕃客所と読み替えればよいことを意味している。

しかしながら小十師は観世音寺と下野薬師寺では五名と規定されていた。このように全国における毎年の受戒者数が東大寺一〇名・観世音寺五名・下野薬師寺五名、計二〇名の狭き門であった。なお、観世音寺では、九二七（延長五）年の太政官符によって、観世音寺の最高位者である講師・読師を律宗の僧から補任するよう定められたことがわかるが、講師は大十師のなかから、読師は小十師のなかからそれぞれ選ばれていた。

東大寺・観世音寺・下野薬師寺に置かれた「天下之三戒壇」に対して、天台宗を開基した最澄は比叡山に大乗戒壇の建立を企図し、東大寺をはじめとする南都六宗と激しい論争を経て八二二（弘仁十三）年に勅許された。ここに三戒壇の制は崩れ、四戒壇となった。

3　戒壇授戒の変質

比叡山における天台宗戒壇の設置は、南都仏教三戒壇と天台宗戒壇の決別と考えられている。しかし実際はそうではなく、天台宗戒壇の成立後も天台僧への授戒を三戒壇で行っている。九州を統轄する観世音寺と半自治政府として独自性をもつ大宰府の蕃客所との組み合わせからうかがえる自主性はあるが、同様に観世音寺でも天台宗への授戒を行っている。

例を挙げておこう。大宰府の衰退にともなって観世音寺は新たな庇護を東大寺に求め、一一二〇（保安元）年にその末寺となる。小東大寺であった歴史と登壇授戒の戒師が東大寺によって補任されてきたことからすれば、当然の帰結であった。しかし東大寺は観世音寺を庇護することはなく、むしろ資金源として収奪したため、やがて観世音寺は年貢を未済する。それであっても、一二七七（建治三）年には東大寺は観世音寺領金生封米使を下向させ、一三三七（建武四）年には観世音寺領碓井荘からの年貢未済を報告しており、依然として観世音寺は東大寺の末寺であった。その間の一二九三（正応六、永仁元）年、登壇受戒のために詣でた宇佐宮年分(ねんぶん)度僧(どそう)（弥勒寺僧）が観世音寺の寺官によって殺害されるという、仏門にあるまじき事件が起きている。これは永仁六年に伏見天皇が出された綸旨(りんじ)によって宇佐宮年分度僧を受戒させることで落着している。

事件の発端は、観世音寺における登壇受戒の席次をめぐっての、宇佐宮年分度僧と内山寺僧の争いにあったと推測されている。内山寺（有智山寺(うちやま)）は大宰府にある天台宗山門派に属する寺院であり、中世観世音寺の年中行事に同じ天台宗の安楽寺などとともに出仕していることが知られている。これは観世音寺の天台宗化の傾向をうかがわせるとともに、当時、まだ形骸化しているとはいえ東大寺の末寺であったのだから、天台宗戒壇の成立後も九州（西海道）における天台宗僧の受戒は観世音寺に付託されていたことを示している。

別の例であるが、一三二三（元亨三）年四月八日に大宰府観世音寺戒壇院で具足戒(ぐそくかい)を受けた宇佐宮年分度者が観世音寺から得た戒牒が残っている。「宮進上當年々分度者」とあることや、大宰帥など大宰府の高官とともに三師七証に相当する東大寺僧や観世音寺僧の名が列記されていることもあって、古代以来の授戒にともなう戒牒のようであるが、疑問がある。それは先にみた三月ではなく四月八日であること、「登壇受戒」とされているように具足戒を受戒しているものの、このときの年分度者は「封戸郷戸主宇佐幸景戸口宇佐千陀羅丸」など宇佐幸景の俗人戸口三人であることにある。

本来受戒は高位の僧が対象にされた。具体的な事例をみておこう。『類聚三代格』巻三国分寺事によれば、天長五（八二八）年二月二十八日に、満六〇歳以上で国分寺僧になった者を得度させていたが、老齢化が進んで無能力化しているから、国分寺僧二〇人の得度者のうちの五人は二五歳以上の者を充てることを大宰府が請い、太政官から許されている。この大宰府管内の国分寺僧のあり方に関する提言は観世音寺講師光豊によって行われている。観世音寺講師とあるが、光豊は管内国分寺、定額寺、宇佐弥勒寺、肥前弥勒寺などの僧の人事に関しても係わりをもっている。おそらくは九世紀初頭から観世音寺講師が兼務するようになった府講師の立場での提言であろうが、そうであっても府大寺観世音寺が管内国分寺の指導監督に当たっていたことが、ここに示されている。僧の得度（度牒）がこの厳しさであり、まして戒（戒牒）を受ける僧はもっと高位の地位にあった。

一三二三年の事例は、高僧の最終段階の資格試験としての戒壇受戒ではなく、実質的には戸口三人に対して発された出家の保証としての度牒にほかならない。一三六三（正平十八）年十一月廿八日に沙弥某が大宰府観世音寺戒壇院で「受具乞戒」（具足戒を受けることを乞う）している。この文書は講師兼別当など観世音寺の高僧から発給され、全面に一一個の観世音寺印が捺（お）してあり、正式の戒牒であることは疑いないが、これも僧見習いとでもいうべき沙弥から僧となったことを証明する度牒と考えられる。しかしながら、一一二七（大治二）年の「観世音寺領山北封作田所當米結解」に大治元年四月八日の「受戒佛供料」、一一四三（康治二）年の「年中佛聖燈油幷恒例佛事料米相折帳」に春季・冬季の「二季授戒佛供料」が挙げられているから、四月八日と十一月二十八日が恒例の授戒日であった可能性も強く、中世観世音寺での登壇受戒が高僧たる資格の証明ではなく出家証明に変質していく過程にあることを示している。

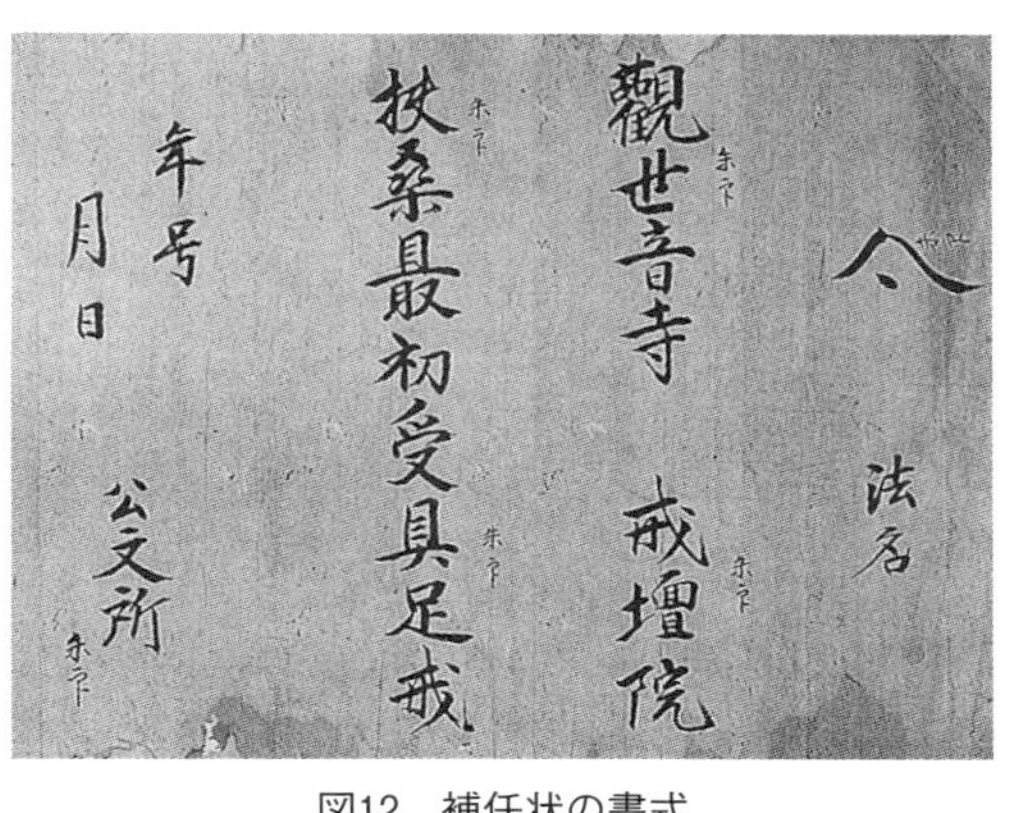
法名
観世音寺　戒壇院
扶桑最初受具足戒
年号
月　日
公文所

図12　補任状の書式

以後もそれは続く。観世音寺での授戒の記録は、一五五四（天文二十三）年の豊後国道脇寺の僧に授けた具足戒が最後になる。やがて戒壇院は一七〇三（元禄十六）年に観世音寺から分離独立するが、その際に福岡藩の裁定で戒壇院の名称は維持するものの戒壇授戒の権利は観世音寺に残されている。実際、具足戒を授戒したことを証明する「補任状」の書式原本（図12）が観世音寺に現存していて、観世音寺が戒壇院の名で「扶桑最初受具足戒」を与えることになっており、登壇授戒の権利の継承がうかがえる。

律令制の崩壊にともなう大宰府の権威の失墜は、その九州支配を無実化させた。大宰府を背景とする観世音寺の権威も失われ、戒壇院における登壇授戒を形式化させていたことを、宇佐宮年分度者や沙弥某の例が裏付けている。経済基盤を観世音寺に頼った東大寺、そして下野薬師寺のそれぞれの登壇授戒も同様の状態にあったろうと思われる。

V　観世音寺の経済的基盤

1　封と荘園

古代の観世音寺には、それを支える経済的基盤として四封四荘に代表される広大な封・荘・寺田・牧など、多数の寺領を所有していた（表3）。

寺領形成の最初は、『新抄格勅符抄』によれば六八六（朱鳥元）年に施入された筑前国百戸・筑後国百戸の計二〇〇戸の封戸だった。封を与えられると、租の半分と庸・調のすべて、それに仕丁が国司を経て支給されるが、土地の支配権には及ばない。この二〇〇戸が筑前国嘉麻郡碓井郷（福岡県嘉麻市上臼井・下臼井、旧嘉穂郡碓井町）一五一町四段二八二歩、同鞍手郡金生郷（宮若市金生）一三〇町一段、筑後国生葉郡大石郷（福岡県うきは市浮羽町大石）五九町八段、同山北郷（福岡県うきは市浮羽町山北）五六町七段一四四歩であることは『延喜五年資財帳』から知りうる。七〇一（大宝元）年にいったん封を除くとされたが、実行されておらず、実質的に荘

表3 観世音寺領主要封荘一覧

封荘名	国名	面積	七~九世紀代の記録	延喜五年資財帳の記録	一〇世紀代の記録	一一世紀代の記録	大治二年~保延三年の記録	保延四年以降の記録	備考
碓井封	筑前	一五一町四段二八二歩	**朱鳥元年**	○	×	○(延久元年一五一町四段二〇三歩)	○	○~**建武四年**	面積は長保六年の数値
金生封	筑前	一三〇町一段	**朱鳥元年**	○	×	○	○(長承元年一一六町二一〇歩)	○~**建治二年**	面積は大治三年
大石封	筑後	五九町八段二四〇歩	**朱鳥元年**	○	○	×	○(保延三年五九町八段二四〇歩)	○~**保元二年**	面積は保延三年
山北封	筑後	五六町七段一四四歩	**朱鳥元年**	○	○	×	○(保延三年四九町三段六〇歩)	○~**保元二年**	面積は大治二年
把伎荘	筑前	四九町	**大宝三年**	○	○	○	○(保延三年五一町五段一八〇歩)	○~**保元二年**	面積は大宝三年
船越荘	筑前	二七町八段一八〇歩	**大宝三年**	志麻郡加夜郷蝿野林	×	○永承四年船越荘の初見	○(保延三年二七町八段一八〇歩)	○~**天正一八年**	面積は保延三年
山鹿荘	筑前	?	**大宝三年**	○	×	×	○**保延三年**		
賀駄薗	筑後	?	**大宝三年**	○	×	○**延久三年**			
竹野荘	筑後	四町	**和銅二年**	○	×	×	×	**保延四年二町余**	面積は和銅二年
中津荘	肥前	三一町四段三〇歩			**延喜一〇年**	**延久元年**	※天永二年頃復活の動き活発化	**保元二年**	面積は永久元年
高田荘	筑前	六町七段一〇〇歩			**天慶三年**	**治安三年**			面積は天慶三年
黒島荘	筑前	一九町六段				**治安二年**	大治二年一四町一反(三〇〇歩保延三年五町二反二四〇歩)	○~**文明一二年**六町	面積は治安二年
五箇荘	肥前	三一九町七段三一四歩				**長暦二年**	×	**保元二年**	面積は保元二年文書に出てくるが、肥後国の誤りか。

＊太字の封荘名は観世音寺四封四荘、太字の年号は記録の最初と最後。

園化され、観世音寺の主要な経済基盤となっていく。

七〇三（大宝三）年には四封に続いて筑前国上座郡把伎野（はきの）（朝倉市把木、旧朝倉郡把木町）の薗地四九町、志麻郡加夜（かや）郷蠅野林（はえのりん）（糸島市志摩御床〜志摩船越）、遠賀郡山鹿林東山（遠賀郡芦屋町山鹿）、筑後国御井郡加駄野（かだの）（不明）が施入される。観世音寺四封四荘と称されるうちの四荘は杷岐荘・黒島荘・船越荘・山鹿荘を指すが、このうちの杷岐荘は上座郡把伎野薗地四九町、船越荘は加夜郷蠅野林二七町八段一八〇歩、山鹿荘は山鹿林東山を前身としている。したがって七〇三年には四封三荘が成立している。四荘の残りである黒島荘（朝倉市入地黒島）一九町六段は一〇二二（治安二）年に成立している。山鹿荘の面積は不明だが、一一三三（長承二）年に観世音寺は山鹿荘からの年貢米一四五石四斗を東大寺に運上しているから、他の三荘と同じ程度の規模をもっていたと思われる。山鹿は遠賀郡芦屋町から北九州市若松区にかけての半島部の西端になるが、東端の若松区二島が後に観世音寺領二島荘としてあらわれるから、山鹿から二島にかけての広い面積を占めていた可能性もある。ともあれ四封四荘の成立によって、少なくとも筑後川をさかのぼって豊後国に抜けるには、杷岐荘・大石封・山北封のいずれかを通過しなければならなくなっている（図13）。

七四九（天平勝宝元）年に諸寺の墾田高が東大寺四千町、元興寺二千町、大安寺・薬師寺・興福寺・法華寺・諸国国分寺一千町と定められたのに対して、観世音寺は弘福（ぐふく）（川原）寺・法隆

図13　寺領封荘の分布

寺・四天王寺・崇福寺・新薬師寺・建興寺・下野薬師寺とともに五百町だった。この時点で面積のわかる四封二荘の合計は四七七町余になり、面積不明の山鹿荘、賀駄薗（かだえん）（加駄野）、それに七〇九（和銅二）年施入の筑後国竹野荘四町を加えると五百町は実数に近い。しかし府大寺としては少し寂しい数値になる。

　七四九年以降も寺領の形成は進み、四荘の一つである黒島荘をはじめ筑前国原荘（把岐荘の中心）・中島荘（把岐荘の一部）・高田（伏見）荘・紫田荘・長尾荘・吹田荘・二島荘、筑後国生葉荘、肥前国中津荘・五箇荘などがある。黒島荘は朝倉市の中心甘木の東方にあり、吹田（すぎた）の湯（二日市温泉）で知られる筑紫野市とは三〇キロ以上離れている。その黒島荘に吹田の湯の湯打板役が課せられている。交通機関の整備されていない時代に三〇キロ以上離れた温泉の掃除に往復させられた黒島の民が不憫でならない。

観世音寺領荘園として最大面積の三一九町七段三一四歩をもち、一一二〇（保安元）年に一巻二一枚の関係文書があった肥前国五箇荘は所在地も実態もわからない。ともあれ古代に約九〇〇町の封荘を寺領としていたが、約四〇〇町を占める四封四荘からの年貢米は約二〇〇〇石もあり、観世音寺経営の中心であったことは数値的にも明らかになる。一一二九（大治四）年の「寺領封荘年貢惣勘文」には封荘の定田面積が三七二町七段二八〇歩であるとし、そこからの所当米二〇四一石七斗三合のうちの一五一八石二升八合を東大寺に運上していて、東大寺を支えた観世音寺の経済力の豊かさを示している。

2　観世音寺の寺田

直営田を寺田とよぶが、『延喜五年資財帳』の水田章・薗圃章によれば、七〇九（和銅二）年に施入された筑後国三原・生葉・竹野三郡の墾田一六町、筑前国御笠郡田四〇町が最初に記録された寺田になる。以来筑前国や肥前国・肥後国・壱岐国継崎などで寺田を増やし、一〇三五（長元八）年の段階で一五五町一段一五四歩に達している。記録にあらわれた寺田史料の多くが土地争いに関するものであり、争いに関係しない寺田や施入に頼らずに積極的に開発した水田もあることから、寺田の実数はさらに多くなろう。

史料には郭内田（南大門前地などの開発田）・畠地、学校院東田、布薩放生田、一切経料田、呉楽田、相博田などの寺田の名称がみえる。郭内には各所に寺田があったらしく、それらが大宰府に敷かれていた条坊制解明の手掛かりになっている。学校院東田は、学校院東築地と松埼小溝に挟まれた空間地として、史料通りに検出されている。一切経料田は現在の福岡国際空港にほぼ匹敵する筑前国席田郡にあった高子内親王家博太荘のなかの土地で、七九二（延暦十一）年に観世音寺に施入されている。ところが八六八（貞観十）年に境界をめぐって相論が起きている。高子内親王家領博太荘は内蔵寮博太荘になっていたが、筑前国司は荘預荒城長人の横領として裁決している。これが地域名称としての博太（博多）のはじめての用例で、席田郡であることを考えると、博多は今よりもかなり内陸まで広がる地名だったことがわかる。

『延喜五年資財帳』によれば、肥前国神埼郡に上田五町・下田一町の計六町の寺田があった。その所在地の説明に「驛家里八壺田一町上」の部分があるが、弥生時代の環濠集落として著名な吉野ヶ里遺跡の南端近くに神埼市駅ケ里の地名がある。吉野ヶ里遺跡の中央付近で、東西に抜ける官道と駅家と判断できる奈良時代の建物遺構が検出されているので、官道の南への移設をうかがいうる史料になる。

観世音寺は壱岐国継崎に牧をもっているが、その所在地はわかっていない。牧だから草地が望ましく、観光地として著名な左京鼻あたりがふさわしい。しかしそう判断する根拠はない。地名からすると、壱岐空港の近くの海水浴場として知られる筒城浜（つづきはま）の辺りではと考えている。

先の封荘や寺田などの観世音寺領は少なくとも十二世紀中ごろまでは経済基盤であり続けた。碓井封や金生封の記録は鎌倉時代以降にもあるし、黒島荘は一四八〇（文明十二）年にも寺領であった。観世音寺には御床と坂本が最後に残った寺領であるという伝えがある。御床は船越荘の故地で、『筑前国続風土記拾遺』の志摩郡御床村（現糸島市志摩町御床）の志々岐大明神社の項に「社家に天文中の文書蔵」、「其書清顕より大宮司新太郎に當、清顕ハ観世音寺僧の名なるへし」とある。今でも御床から寺山にかけて旧船越荘の地には別当屋敷跡など観世音寺関係の遺跡や伝承が多い（鎌田大九郎『観世音寺領であった郷土〈御床〉』私家版、一九八四年）。坂本は観世音寺や大宰府政庁のある太宰府市観世音寺の西北の地名だが、七〇九年の御笠郡田四〇町や八七七（元慶元）年に佐伯連（むらじ）春継が施入した御笠郡墾田五町三段一五〇歩に関連するかもしれない。実際、一五九〇（天正十八）年に観世音寺領志麻郡御床村、御笠郡坂本村で寺領田畑一〇〇町余が検地されているから伝えは正しい。

ともあれ平安時代末期以降ほとんどの荘園からの年貢米が未済された東大寺に比べ、古代・中世の観世音寺の豊かさが理解できる。

3 日宋貿易による利益

観世音寺に腰引(こしびき)禅師とあだ名された別当暹宴(せんえん)がいた。一一〇二(康和四)年に台風によって顚倒した金堂・回廊・戒壇・南大門・宝蔵・僧房などの観世音寺の堂塔を修復する資金を調達できなかった大宰府に代わって、先述した寺領からの収穫や自身が日宋貿易によって得た巨額の収益によって再建している。こうした日唐・日宋貿易による利益を示すのが、寺域の発掘調査で多数検出される貿易陶磁である。

貿易陶磁は奈良時代からみられるようになる。ことに大衆院跡と考えられる菩薩院東側で検出された緑・黄・褐色で彩られた唐三彩壺(図14)や絞胎陶枕は出土点数も少なく、遣唐使によってもたらされた逸品である。

平安時代に入ると、中国浙江省余姚・慈渓一帯に多くの窯が分布する越州窯系青磁を主体として、貿易陶磁の出土量が急増する。遣唐使の派遣が停止され、鴻臚館を舞台とする日唐交流が途絶すると、鴻臚館は貿易陶磁をもたらす唐商(九六〇年以降は宋商)の客舎となり、交易の場となった。唐商到着の連絡が京にもたらされると、京から交易唐物使が鴻臚館に派遣され、中央政府、大宰府、観世音寺などの順で買い付けされる。日本列島で出土する貿易陶磁の過半

図14　大衆院出土の唐三彩（右）と観世音寺蔵の類例

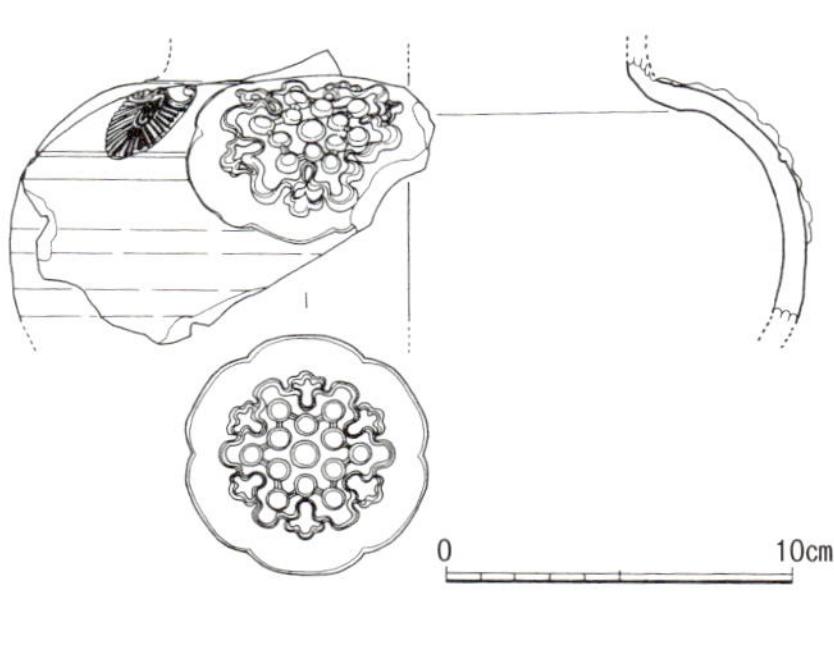

は大宰府や観世音寺から出土するが、逸品は京にもたらされる。太宰府出土例の多くは観世音寺の発掘調査で出土している（図15）。越州窯系青磁のほかにも、少数ではあるが邢窯系白磁・定窯系白磁や長沙銅官窯系青磁水注なども検出されている。

中国の王朝が唐から宋に交替した平安時代後期になると、江南地方産白磁の壺や四耳壺などが出土するようになるが、やがてこれらの白磁とともに同安窯系青磁や龍泉窯系青磁がもたらされる。前代に比べると爆発的な量になるが、観世音寺も同様の傾向を示す。個人で観世音寺伽藍を再興した別当暹宴の財力の源泉がここにある。

中世になってもこの傾向は続き、加えて朝鮮半島製の高麗青磁が加わる。寺域東南隅から出土した一三三〇年ごろのベトナム（安南）産鉄絵白磁を最初に東南アジア産陶磁なども出土するようになる。子院金光寺遺跡の発掘調査でも中国・朝鮮産の陶磁が多量に出

図15　出土の初期貿易陶磁器

土したが、油滴天目などの黒釉陶器の多さが目立っていた。

　しかしながら十五世紀に入ると貿易陶磁の出土量は激減する。これは観世音寺のみではなく大宰府の全体に通じることだが、ここに中世の翳りがみえてくる。

Ⅵ　中世観世音寺の隆盛

1　観音信仰の寺としての中世観世音寺

観世音寺は、府大寺、そして三戒壇の一として、古代九州の宗教界に重きをなしていた。しかし、律令制の崩壊にともない寺勢を支えていた大宰府自体の機能が低下し、新興の安楽寺（現在の太宰府天満宮の前身）の隆盛に反比例した権威の低下にともなって、東大寺の末寺となった一一二〇（保安元）年以降に権威と勢力を失い衰退していったと考えられている。

しかし実際には、実態不明の肥前国五箇荘を除いても六〇〇町におよぶ封荘からの収入は続き、加えて日宋貿易による巨大な収益があった。その実力は、荘園の停廃によって再建能力を欠如するほどの窮状にあえいでいた東大寺の経済基盤を支えたのは観世音寺領封荘から運上された年貢米であり、一一〇二（康和四）年に大風で顚倒した金堂や戒壇などの観世音寺堂塔を大宰府に代わって独力で修造するほどであった。律令制度の崩壊によって大宰府からの資金援助や権威の裏付けを得られなくなったという意味では古代の勢威に翳りが生じていたものの、東大寺末寺化以後も前章で述べた経済力と民衆の観音信仰に支えられ、九州の巨大寺院で在り続けていた観世音寺は衰退とは程遠い状態にあった。

東大寺末寺化以後の隆盛は、末期を除けば、中世に連なる。観世音寺宝蔵に現存する西日本屈指の巨像群のなかの、像高五一七センチをはかる不空羂索（ふくうけんさく／けんじゃく）観世音菩薩像は創建本尊として塑像で制作されていた。後に顚倒破砕したが、あれほどの巨像が早くも顚倒翌年の一二二二（貞応元）年に木像として再興されている。像高三〇三センチの十一面観世音菩薩像（新十一面）も一二四二（仁治三）年に再興造立されている。これらは鎌倉時代の造像活動の勢いを示す資料となる。蘭陵王面一・納曽利面二が残る舞楽面の制作は、舞楽にいたる行事が果たされていたことを示している。さらに、子院としての四十九院も鎌倉・室町時代に創建されている。そしてそれは、大宰府政庁跡の一帯の地名が、政権所在地としての大宰府に因むものではなく、観世音寺（観世音寺村、大字観世音寺など）であることに象徴されている。

これらを可能にしたのは、大宰府の権威の裏付けを失くしても、一一七九（治承七）年成立の『梁塵秘抄』巻二に、「筑紫の霊験所は、大山四王寺清水寺、武蔵清瀧……」（清水寺は、『源氏物語』や不空羂索観音像体内銘から知られる、観世音寺の別称）とあり、また一四七二（文明四）年成立の『源氏物語』の注釈書『花鳥余情』に「長谷寺に対して清水の御寺の観世音寺といへる」

と奈良の長谷寺と観世音寺を対比しているように、観音信仰の霊場として民衆の崇敬を受け続けたことにあろう。

このように、観世音寺は府大寺から観音信仰の霊場として、生まれ変わる。それを実証する資料が観世音寺の発掘調査によって知られている。

2　観音霊場としての崇敬を示す巡礼木札

僧房（大房）や、『延喜五年資財帳』に規模の記載が漏れている五重塔の規模を推定させる手がかりを得たように、九州歴史資料館による発掘調査は古代以来の観世音寺伽藍について多くを明らかにした。中世に関しても多くの調査成果があり、いずれ報告されようが、特色ある成果を数例紹介しておこう。

観世音寺南大門跡西南隅部の外側で検出された南北溝SD三八四〇から、写経聖（ひじり）の巡礼木札が出土している。長さ三三・二センチ×幅四・〇センチほどの薄い木札の表に、

唵　元亨三年　肥後国臼間野庄西光寺
　　五月七日　六十六部写経聖月阿弥陀仏

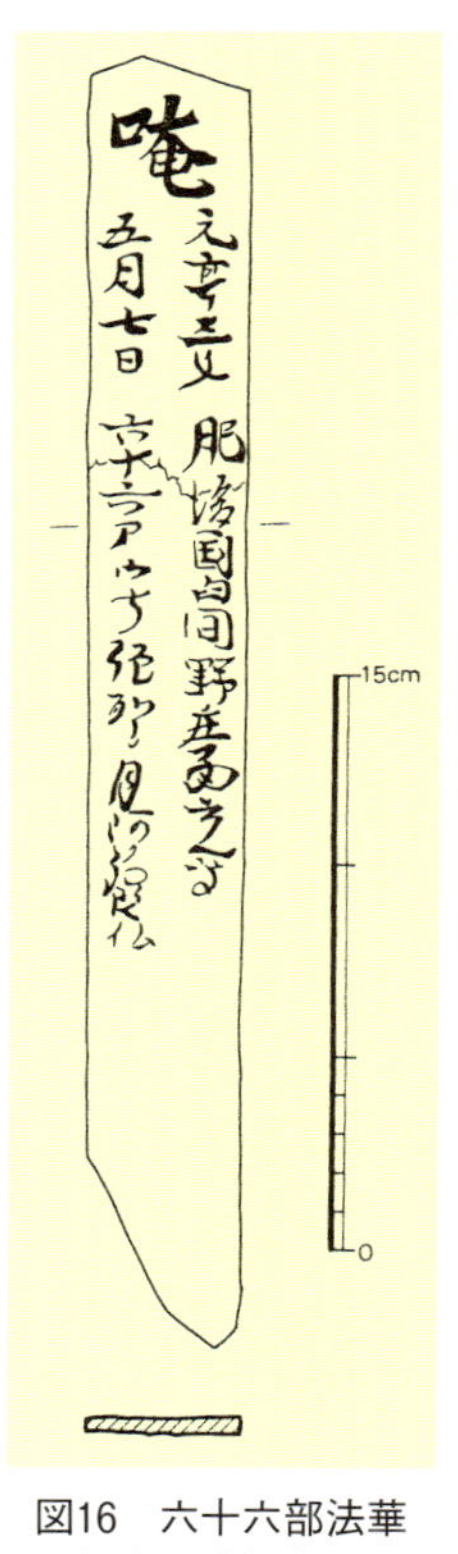

図16　六十六部法華経奉納巡礼木札

と墨書されている（図16）。肥後国臼間野荘（現熊本県玉名郡南関町）にある西光寺に止宿する月阿弥陀仏という僧が、六十六部の法華経を書写し、各国一カ所、計六十六カ所の霊場をめぐり、奉納するという内容が記されている。臼間野荘の西光寺は、同地に所在する応永年中（一三九四～一四二七年）に創建されたと伝えられる天台宗寺院を示すとみられるが、そうであれば西暦一三二三年を意味する「元亨三年」の紀年は同寺の創建をさかのぼらせる可能性がある。ともあれ、出土した木札は、僧月阿弥陀仏が法華経を奉納する全国六十六カ所の霊場の一つに観世音寺を選び、実際に参詣してそのうちの一部を奉納し供養したことを示している。中世後期に、観世音寺が観音霊場として信仰を集めていたことを物語る格好の資料で、先の『梁塵秘抄』や『花鳥余情』が記録したことの実態を示している。

元亨三年巡礼木札を出土した南北溝SD三八四〇では他にも「急急如律令」の文字を残す呪符などが出土している。さらに参道を挟んだ西側にある南北溝SD三二〇〇からも「嘉元二年」（一三〇四年）銘の卒塔婆や柿経（こけらきょう）などが出土している。SD三八四〇とSD三二〇〇は南大門の前面に延びる参道の両側を画する側溝的な性格を有していたと思われる。そしてSD三二〇〇のさらに西側の南面築地前面の空閑地が、十三～十六世紀には居住空間として活用されるようになる。

南面築地前面の遺構は三期に分けられている（図17）。

九世紀～十世紀ごろのⅠ期の遺構はほとんど検出されておらず、大宰府政庁前面を東西に走る四条大路と南面築地との間は空閑地であったと思われる。その空閑地の四条大路に近い部分に、Ⅱ期（十一～十三世紀前半）になると、調査範囲の南端になるために全容は明らかでないが、井戸や土壙がかなりみられるようになる。注目すべきことは、土壙SK三二九五およびその周辺から、豊富な鋳造関係の遺物が出土したことである。特に鋳型は多種多様で、十一面になる菩薩形仏像の頭部や小立像、内外の型が完存する金鼓（きんこ）をはじめ、磬（けい）、錫杖（しゃくじょう）、華瓶（けびょう）、さらには飾金具から刀装具におよんでいる。これらの鋳型がこの地で鋳造に使われたことは、坩堝（るつぼ）・坩堝台・鞴羽口（ふいごはぐち）などの鋳造関係の道具が同時に出土したことから、明らかである。中世の観世音寺には六座（穀物司・刃物司・鋳物司・染物司・小間物司・相物司（あいものし））とよばれる商工業者の座が付属していたが、これらの遺構・遺物に鋳物司平井氏が関係している可能性がある。

Ⅱ期の観世音寺は、一〇六四（康平七）年の講堂・塔・回廊・僧房などの焼亡、これに追い討ちをかけた一一〇二（康和四）年の金堂・戒壇院・回廊・南大門などの大風による倒壊によって損傷した堂舎の復旧活動、さらに前述した平安時代後期～鎌倉時代の活発な造像活動など、

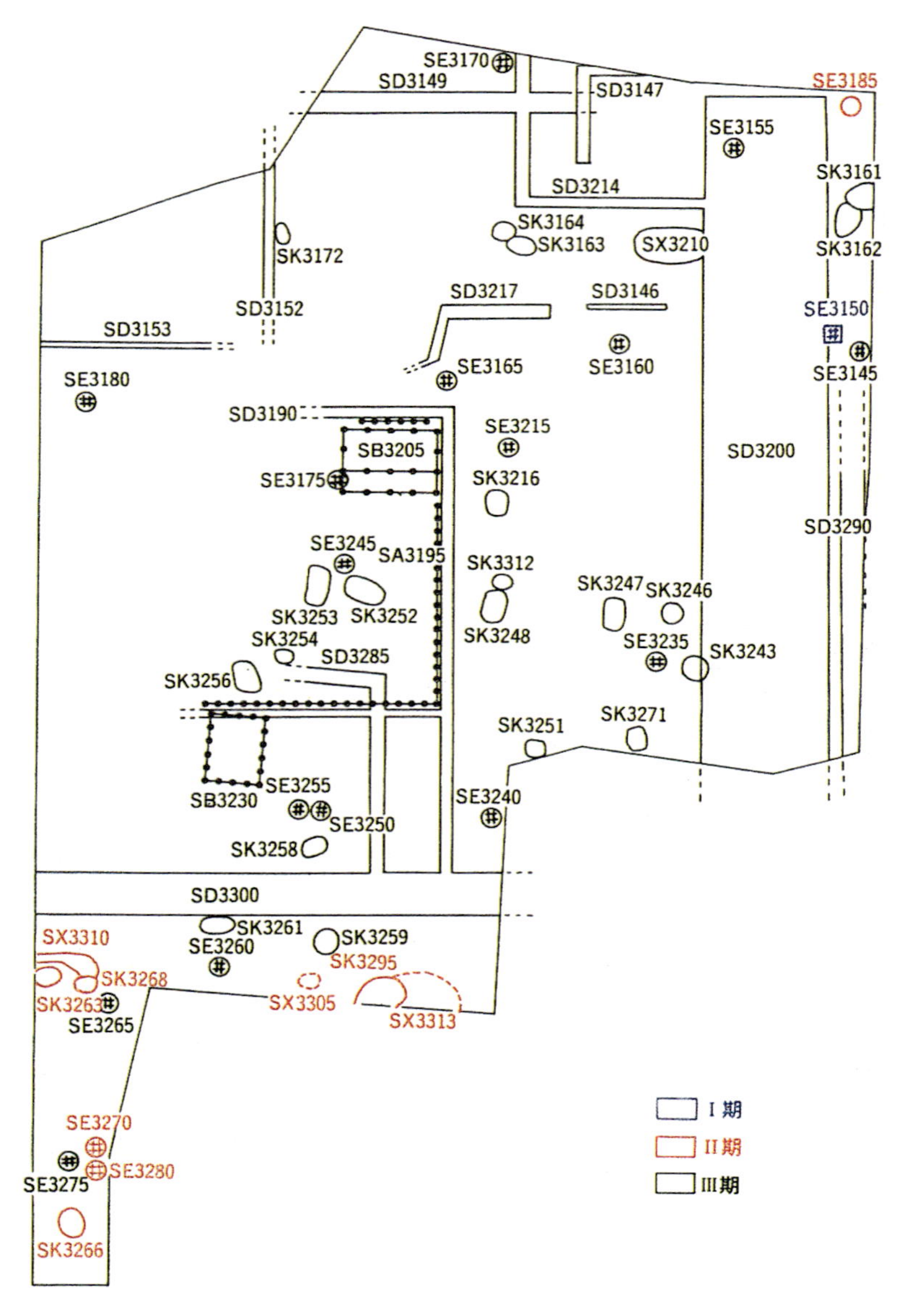

図17　南面築地前面遺構の変遷

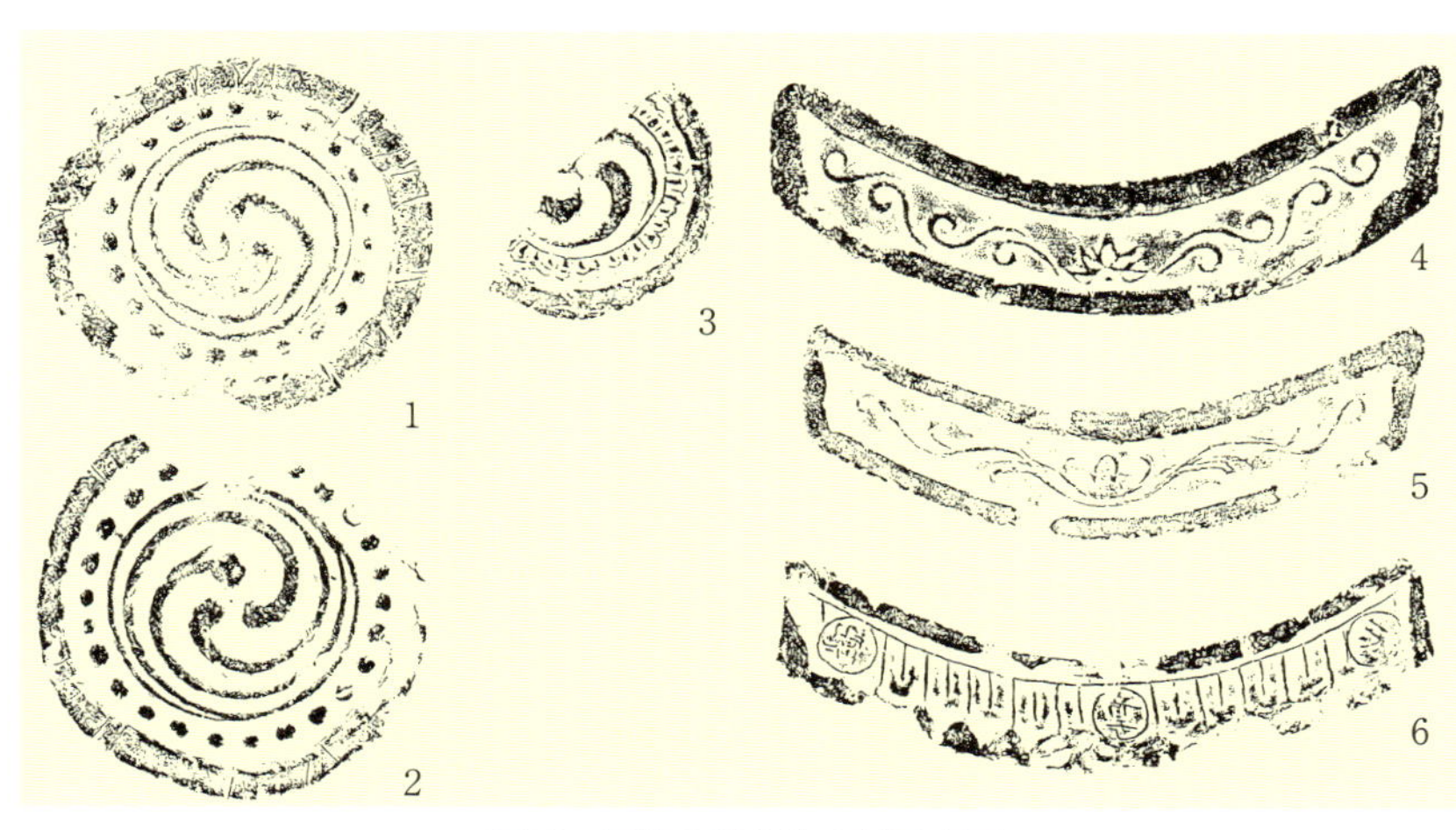

図18　子院の甍を飾る剣巴文瓦

創建時に匹敵する造寺活動の段階にあり、それを担当した造観世音寺行事所的な機関に関する遺構・遺物と考えられる。

十四世紀代に最盛期を迎えるⅢ期（十三世紀後半〜十六世紀）は、南面築地、参道西側の南北溝SD三二〇〇、Ⅱ期の鋳造遺構の北側を走る東西溝SD三三〇〇によって三方を区切られたそれまでの空閑地から建物や井戸・土壙などの遺構が錯綜して検出され、それらにともなう大量の遺物が出土する。溝や柵で六ブロックに区画され、報告書ではこれらを中世集落とみなしている。問題は集落の実態で、寺家であるのか町家であるのかの判断はされていないが、前後の観世音寺の歴史からみてここに町家が建てられる可能性はほとんどない。

性格を考える鍵は、調査区の中央近くにあるコ字形に配された柵SA三一九五と、この調査区で出土した三〇〇点を超える中世の剣巴文（けんぱもん）軒先瓦（図18）であろう。

中世に四十九院とよばれる子院が成立する。そのうちの御領院は、一五二六（大永六）年に留守坊清建が古図を写したとされる「観世音寺絵図」に、まだ南門が開かれていない時期の戒壇院南面（南面築地前面）に、柵で囲まれた状態で描かれている。絵図の写しにたずさわったとされる留守坊清建は、『筑前国続風土記拾遺』の志摩郡御床村（現糸島市志摩町御床）の志々岐大明神社の項に「社家に天文中の文書蔵」とあり、「其書清顕より大宮司新太郎に當、清顕ハ観世音寺僧の名なるへし」と注記する清顕と同一人物とみられる。天文は享禄をはさんで大永に続く年号であり、留守坊は次項で紹介する観世音寺三別当・三官領のうちの顕官（けんかん）として、「顕」字を歴代踏襲しているから、符合する。ただし、「絵図」では北側の柵に替えて南面築地を用いていて、ここを柵とするSA三一九五とに相違を生じている。したがって、SA三一九五で囲まれた一画を御領院と断定することはできないが、御領院関係の施設、あるいは複数の子院が並立して存在した、つまり子院・社家の所在空間であったと判断しても誤りはあるまい。

中世の観世音寺に関係する資料は他にも多数あるが、次に子院について紹介しよう。

3　子院四十九院の成立

中世の観世音寺は八十余坊で形成されていたと伝えられる。それらは留守坊（別当顕官）・上座坊（別当琳官（りんかん））・西之坊（別当瞻官（せんかん））の三官領によって支配された。現在の住職である石田家は上座坊（じょうざぼう）別当琳官の後裔であり、公文所（くもんしょ）とも称していた。現住職である筆者の名前の「琳彰」のように、歴代の住職には「琳」字が付いている。その坊のなかに上座坊＝戒壇院、西之坊＝西林寺、西永坊＝花蔵院のように、子院を経営したものがあった。子院は坊数よりも少ない四十九であったと伝えられるが、それがすべて共立していたとは検証できず、廃絶した寺名を加えて兜率内院（とそつ）になぞらえて四十九院とした可能性を含んでいる。それを注意点として子院を検討しよう。

子院四十九院については、貝原益軒が一七〇三（元禄十六）年にまとめた『筑前国続風土記』に、名称が列記されている。現在の観世音寺には伝わっていないが、益軒の当時、「当寺四十九院写　壱通」があったと伝えられており、次の寺名はそれによったと思われる。

護福院　光台寺　西福寺　勝福寺　**花蔵院**　弘法寺　座禅寺　能満寺　**楽極寺**
宝満寺　西福寺　**妙見寺**　学業寺　比留庵　軍勝寺　**春王寺**　曼哆羅寺　勝軍寺
仏餉寺　安定寺　宗徳寺　学頭寺　光円寺　千辺寺　**西林寺**　金光寺　**東林寺**
御領院　**吉祥院**　**安養院**　知徳院　興安寺　常楽寺　正教院　胸臆院　光耀寺
知中院　皆願院　殊妙寺　愛楽寺　福聚院　端正院　随喜院　常光寺　満堂寺
戒楽院　**戒壇院**　菩提寺

ここには四八寺しかなく、しかも西福寺が重複している。二寺不足することになるが、一八〇六（文化三）年作成と推測できる「大宰府旧跡全図」に、観世音寺の西北に、メウケンジ（妙見寺）・シャクドウジ・ビルアン（比留庵）の名が並列されていて、シャクドウジが不足する二寺の一つと思われる。残りの一寺は、『筑陽記』や『筑前国続風土記拾遺』が四十九院の一つとする点で、般若寺が有力である。七世紀末～八世紀初頭に創建されたと考えられる般若寺からは、観世音寺の創建瓦である老司Ⅰ式の軒先瓦が出土している。奈良時代に定額寺になった般若寺がこの寺であればいっそう親縁性が生じる。しかし末寺ではありえても、子院とするにはやや距離がある。その点で、観世音寺文書に五寺の一つとされている護摩堂は、「観世音寺絵図」にみられるように子院戒壇院と対称の位置に院を構成している菩薩院のことであり、いっそう有力に考えられる。他にも一〇〇一（長保三）年の文書に名のみえる松門寺や、出土墨書土器にある杉寺、御領院と同じとみられている御霊院が別寺であれば、四九番目の子院になる可能性がある。

これらの子院で、観世音寺文書などの史料に寺名がみられるのは子院名を太字にした護福院以下の一一寺で、楽極寺は極楽寺、春王寺は眷王寺（けんのうじ）にそれぞれ訂正される。また西福寺など傍線を付した六寺はシャクドウジとともに「旧跡全図」に位置の書き込みがあるもので、楽極寺はやはりゴクラクジとなっている。さらに「観世音寺絵図」に、観世音寺北側の山中に寺と思われる建物が描かれ、「□法寺」と後筆ながら朱書されている。この付近には「弘法水」とよばれる清水の湧出点があることから、弘法寺であろう。前述したように「絵図」には、現存する戒壇院の南に御領院が描かれていて、位置を確認できる。このように四十九院のうち、シャクドウジを加えれば、一六寺が何らかの文字情報を残していることになる。

観世音寺の発掘調査はその周辺にも及んでいるが、その所在地名や検出された遺構・遺物の性格から、子院跡と考えられる遺構がある。

座禅谷の子院群　大野山から観世音寺の後背に向かう谷筋をかつて座禅谷とよんでいた。その一画に、今光寺を字名とする個所がある。いずれも子院の座禅寺、金光寺に因んだ地名と考えられる。その字今光寺で、寺院の可能性のある建物六棟および墓所・火葬所が一体となった遺跡が検出されている（図19）。

六棟の建物のうちで最初に建てられたのは、もっとも南に位置するＳＢ一四三〇で、十三世紀の後半～終末のことであった。東西七間×南北六間以上の南北棟建物で、奥にあたる北側の三間×二間にはことに大きな礎石が用いられて、本尊を安置する内陣を思わせる。

一四世紀中ごろになると、ＳＢ一四三〇の北側、つまり谷筋の上部に五棟の建物が造られる。西北のＳＢ一六〇〇は三間堂になっており、奥（西側）の斜面には上下二層、約六〇基の五輪塔・宝篋印塔・多宝塔・板碑などを用いた墓所が設けられている。さらに斜面の上方を平坦

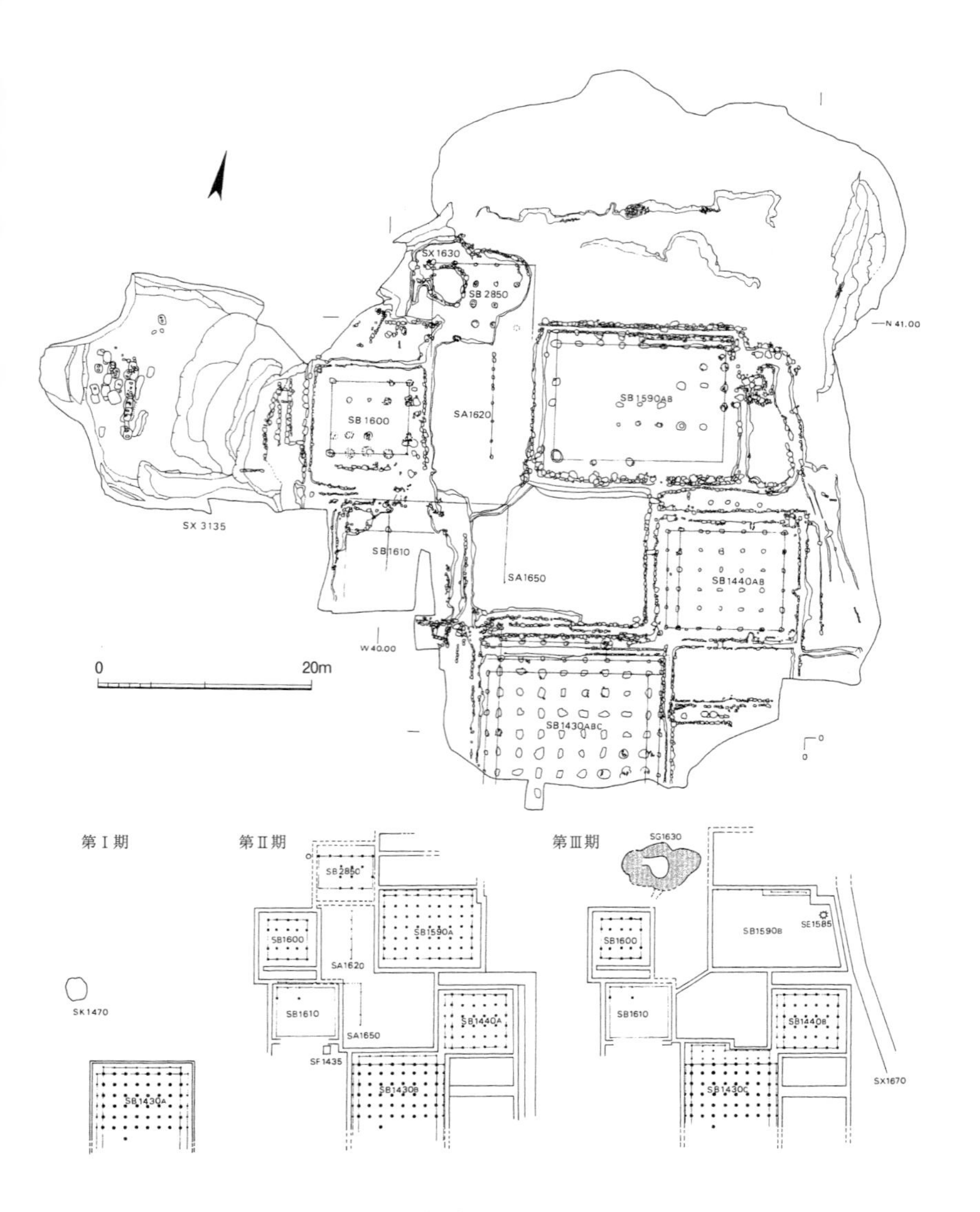

図19　推定金光寺の配置

図20　推定金光寺の出土遺物

に整地し、土壙内部で火葬した火葬所が検出されている。その背後に墓所・火葬所をもつ三間堂は開山堂の可能性をもつ。もっとも北にあるＳＢ二八五〇は早く廃棄され、やがてここに園池ＳＧ一六三〇が造られる。ＳＢ一四三〇を含む六棟の建物は中央の広場を囲むように整然と配され、相互に連続する石組溝によって共同して排水している。しかしながら、建物相互の間に歩廊状の通路を設け、広場にいたるまで柵によって相互を遮断している。この状況は以後も続き、十六世紀前半ごろに廃絶する。

最初に建てられ金銅製宝冠などの仏教関係遺物（図20）を多く出土し、内陣を思わせる礎石配置をもつＳＢ一四三〇を本堂、ＳＢ一六〇〇を開山堂とし、園池・墓所・火葬所を併せもつ配置は、一寺院としてまとまっている。しかしそうであれば本寺観世音寺を凌駕しかねない規模になる。座禅谷の谷筋の両側には、遺構や地名などから、後述するように座禅寺・金光寺・西福寺・西林寺・弘法寺・学頭寺などの子院の存在が推定できること、まとまりの一方で遮断の側面がうかがえること、食具である土器・陶磁器、特に箸が数カ所にまとまる傾向をもつことなどから、ＳＢ一四三〇とその北東に接するＳＢ一四四〇、ＳＢ一六〇〇とその南のＳＢ一六一〇、ＳＢ一五九〇と早く廃棄されたＳＢ二八五〇をそれぞれ本堂と庫裡の関係で捉えることも可能に思える。ＳＢ一五九〇の東端部には生活臭があり、ＳＢ二八五〇廃棄後は本堂と庫裡が一体化したとみることもできる。もちろん建物相互の組み合わせは明確でないけれども、字今光寺で検出された遺構群は、座禅谷に展開する子院群の最奥にある複数の子院で、座禅寺や金光寺がそれに相当する可能性をもつ。

なお、字今光寺所在の遺構群を「さいふいつミたゆうとのち□とのにまいる」（西府泉大夫殿ち□殿に参る）などの寺院的でない木簡や、子供用の下駄、櫛や笄（こうがい）などの女性用品と思われる遺物の出土から、妻子をもつ武士の居館とする考えもある。しかし、一七三八（元文三）年の観世音寺文書に「当寺者神社仏閣両部執行之地ニテ三別当共妻帯ニテ相勤来候」とあり、中世の観世音寺を支配した三別当でさえ妻帯したのだから、子院の僧にも妻帯者がいたことは十分に考えられる。妻帯の開始がいつであるかはわからないが、妻帯を認めた新仏教が盛んになる鎌倉時代に、そうした僧侶がいることは不自然でなく、居館の可能性を考える必要はない。

観世音寺僧房の西北、北面築地が走ると想定される地点でも、池を中心とした庭園遺構にともなう礎石建物二棟と掘立柱建物二棟が検出されている。中心となる建物は東西六間×南北二間以上の礎石建物で、礎石立の三間堂をともなっている。三間堂は後に掘立柱建物に建て替えられるが、総じて十四世紀中ごろから十六世紀代にかけて存続している。他の子院関係遺構出土品に共通する剣巴文軒先瓦や、位牌・卒塔婆（そとうば）・柿経などの仏教寺院を思わせる遺物が出土するところから、子院跡と考えられている。この地点の旧字名は安養寺で子院安養院に通じるが、「太宰府旧跡全図」にはこの位置を「サイフクジ」としていることから、西福寺の遺構である可能性が高い。地名からみて、安養院の存在も近くに考えられる。

座禅寺・金光寺と思われる遺構群と観世音寺の間、弘法水の東に山ノ井とよばれる溜池があり、その南の旧字名山ノ井の一角に西蓮寺というホノケがある。小範囲の発掘ではあるが、そこから正しく東西に走る溝と、その南側から多数の柱穴が検出されている。一五五八（弘治四）年の松平頼寿氏文書に、「西林寺領貮町六段」の地に関して、「山井屋敷」の表現があり、西蓮寺に一二四一（仁治二）年に創建され一五六四（永禄七）年までの記録を残す西林寺関係の施設があったことが知られる。そしてそれは、座禅谷の谷筋の性格やすぐ近くに西福寺が所在することを考えれば、西林寺そのものの所在地であると考えられる。

西福寺と推定することが可能な遺構の検出は、中世に北面築地が消滅していた可能性をうかがわせる。また、子院の出現は、講堂の北に配置されていた僧の学問所兼寄宿舎としての大房・小子房などからなる僧房が必要でなくなったことを、意味する。その大房の調査では、遺構面の削平がはなはだしく中世の遺構は検出されていないが、剣巴文軒先瓦が多数出土している。「観世音寺絵図」には大房を学問所と朱書している。学堂ともよばれたらしく、その長を意味すると思われる学頭伝灯大法師源昭の名が一一一〇(天永元)年の文書にみえる。これからすれば、子院学頭寺は西福寺の東南側、僧房地区にあったと推定できる。

発掘調査は実施されていないが、これに「絵図」にみられる弘法寺が加わる。「絵図」の写しが一五二六(大永六)年に行われているから、弘法寺はそれ以前から存在したことになる。これらから、座禅谷の谷筋に座禅寺・金光寺・弘法寺・西林寺・西福寺・安養院・学頭寺の、少なくとも七子院の存在を推定できる。

妙見谷の子院群　座禅谷の西の谷筋は妙見谷とよばれていた。現在、安ノ浦池とよばれる溜池があるが、そのすぐ上に妙見の字名があり、瓦の出土が伝えられている。まだこの地区では発掘調査が実施されていないが、「旧跡全図」はこの部分に「メウケンジ」を書き込んでおり、妙見寺の所在を推定できる。「旧跡全図」には妙見寺の西に「シャクドウジ」「ビルアンノウラ」としており、妙見寺・シャクドウジ(釈迦堂寺?)・比留庵が並立していたのであろう。まだ調査の及んでいない妙見谷では古瓦や五輪塔などが散見でき、座禅谷同様の子院の存在が期待できる。

花蔵谷の子院群　妙見谷のさらに西、大宰府政庁の北の谷をハナゾウタン(花蔵谷)とよび、ここにある日管寺の境内に花蔵院の地であるとする石碑が建てられている。花蔵院(華蔵院)

は武藤資頼が妻のために一二二八（安貞二）年を少しさかのぼる時期に建立し、一六〇〇（慶長五）年の黒田氏入部の時点で廃絶した子院で、観世音寺の「伽藍之内」にあったという記録があるから、花蔵谷は御笠郡内に所有していた三町の領地の所在地と思われる。

大宰府政庁南門の南東のすぐ近くに「旧跡全図」はゴクラクジの寺名を記している。そこにはかつて方形の土壇があったが、発掘調査では遺構は検出されていない。

図21　推定学業寺の三間堂配置

観世音寺前面の子院群　観世音寺の前面にも、戒壇院や前述した御領院のように子院が所在する。

学校院地区の、四条大路の北側で、鎌倉時代後半から室町時代初頭ごろの礎石建物が一棟検出されている。四周に素掘りの雨落溝を配し剣巴文軒先瓦を葺いた三間堂（図21）で、覆土からではあるが塑像片が出土している。これらから子院の遺構と考えられている。学校院（学業院）の跡地であり、旧字名も学業であるから、学業寺の可能性が強い。

その学業寺と思われる遺構の、大路を挟んだ南側に三間堂程度の規模の方形土壇があった。発掘調査では建物の遺構は検出されなかったが、子院遺構に共通する剣巴文軒丸瓦がかつて採集されている。「旧跡全図」にはこの土壇と思われる個所にコウヨウジアトと書き込まれている。先の極楽寺とこの光耀寺は、実際の子院名を反映しているかどうかは検証できないが、残されていた土壇を意識したものであろう。

このように前面の四条大路の両側に極楽寺・光耀寺・学業寺・御領院・戒壇院などをはじめとする子院群の形成が認められる。

観世音寺東辺の子院　子院と考えられる遺構は今のところ東辺には認められていない。ただ旧字名の朝日は仏餉寺（ぶつしょうじ）とも通称されていた。朝日の面積は二町弱あり、西林寺領（二町六段）、花蔵院領（三町）に通じるから、西林寺同様にここに仏餉寺が所在していたのであろう。

以上のように、子院四十九院は観世音寺の前面・後背を中心に、周囲に集まっている（図22）。戒壇院のように早く設置され、後に子院化した例のように鎌倉時代以前に建立された例もあるが、武藤資頼によって建立された安養院・華蔵院など四寺や西林寺などは史料によって鎌倉時代の創建が知られる。今光寺地区の金光寺・座禅寺の可能性のある寺や御領院・西福寺・学業寺などと推測される発掘された子院はいずれも鎌倉時代に創建され、剣巴文軒先瓦を共通して用いており、三間堂をもつかその程度の規模で造られている例が多い。

ともあれ、資史料から存在を知ることのできる一六子院に加えて、座禅寺・学業寺・仏餉

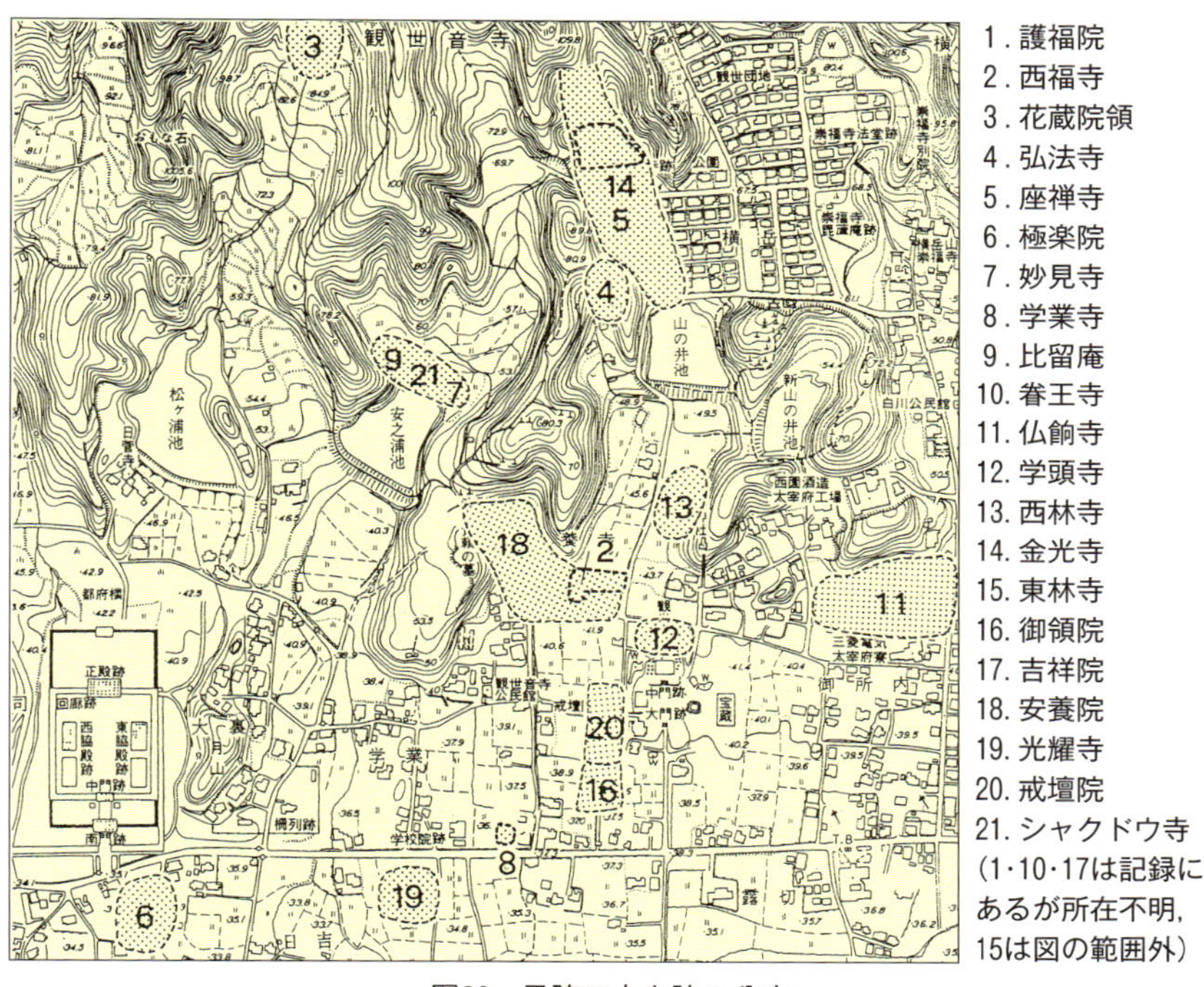

図22　子院四十九院の分布

寺・学頭寺・金光寺については遺構や地名から存在を推定できるから、二一子院を確認できることになる。子院所在地解明の手がかりの一つとなる剣巴文軒先瓦の出土地はこの他にも点在しており、四十九院は数字上の誇張ではなく、実数もしくは実数に近い数と考えてよかろう。そしてこれらの多くが鎌倉時代に創建され一山を形成しているところに、中世観世音寺の隆盛がうかがわれる。

今光寺地区の寺院跡と推定学業寺は調査成果に基づいて平面復原されており、戒壇院とともに見学をお薦めしたい。

Ⅶ　官寺から観音信仰の寺へ

1　観世音寺の衰退

九州において創建以来法灯を絶やさない寺院は数少ないが、その数少ない例でも観世音寺はもっとも古い例になる。そして古代には府大寺・三戒壇として、中世には観音信仰の寺として隆盛した観世音寺は、発掘された子院遺構の多くが十六世紀に廃絶していることにうかがえるように、中世末期以降衰退していく。

現在、太宰府天満宮の正月行事として知られる鬼すべ（追儺〔ついな〕）はかつて観世音寺でも行われ、多くの民衆を集めていた。観世音寺の追儺は八一二（弘仁三）年以来正月七日に行われ、応永年中（一三九四〜一四二八年）まで毎年行われていたと伝えられているが、その後絶えている。一四〇三（応永十）年には舞楽面〔ぶがくめん〕が修理されていて、このときまでは舞楽が行われていたことを知るが、これもまたその後絶えている。日本三戒壇の一としての登壇授戒についても、一五五四（天文二十三）年に豊後国道脇寺の僧に具足戒を授けた記録を最後にみられなくなる。そして衰退を決定付けたのが一五八七（天正十五）年に九州征伐のため九州に出張った豊臣秀吉による寺領の没収であり、以後、観世音寺は地方の一寺院として歴史に埋もれていく。

2　府大寺観世音寺から観音信仰の寺へ

廃寺の危機にみまわれた観世音寺は福岡藩主黒田家によって再興され、現在も法灯を守っているが、その性格は官寺から多くの方々に支えられる観音信仰の寺へと変わっている。

観音信仰とは、法華経の観世音菩薩普門品（ふもんぼん）（観音経）などの経典に述べられた、勢至（せいし）菩薩とともに阿弥陀如来の脇侍とされる観世音菩薩に対する信仰で、その慈悲の功徳にすがり、招福攘災や死者追善を祈り、過去の罪を悔い懺悔する観音悔過（かいご）などによって現世の利益を願う信仰をいう。

ことに民間で信仰され、平安時代以降京都の清水寺や奈良の長谷寺への参詣が流行した。観音霊場の巡礼では、近畿地方を中心とした西国三十三所観音（西国霊場）はよく知られている。衆生（しゅじょう）を救済するために三十三体に化身するという観世音菩薩への信仰から、観世音菩薩を本尊とする三十三カ所の寺院を巡礼する霊場巡りのことである。三十三所寺院は札所として定められていて、和歌山県那智の青岸渡寺を起点とし、二府五県の寺院を、かつては笈を背負い錫杖をもった白衣姿で行脚していた。巡礼としては南都七大寺巡礼などが古いが、一一六一（応保元）年の園城寺僧覚忠の巡礼を初出として十二世紀から確認できる西国三十三所巡礼をはじめとし、坂東三十三所観音や秩父三十四観音など各地でも観音霊場巡りが盛んになっていった。ただ、「巡礼」という用語が八三八（承和五）年に入唐してからの九年間の求法を記録した慈覚大師円仁の『入唐求法巡礼行記』にみられるから、もっと早く始まっていると思われる。

　九州にも九州西国霊場とよばれる寺院がある。西国霊場に九州を冠しているところから、西国三十三所観音の九州版であろう。しかし本家意識は強く、『九州西国霊場巡礼の旅』（山と渓谷社、二〇〇七年）という公式ガイドブックには「日本最古の巡礼の旅」とある。それは、九州西国霊場が「和銅六年（七一三）、宇佐（大分県）の仁聞菩薩と法蓮上人が始められたと伝えられています。（十八カ所巡礼）」、さらに「天平三年（七三一）に、同行十六人で十五カ所を追加巡礼し、「筑紫三十三番札所」が確定しました。」とあるからである。この説の根拠となる史料の真偽を確認できないが、現在三十三番札所の結願寺となっている観世音寺が含められているとすれば、天平三年のころには官寺として九州の諸寺を管轄していた観世音寺が、庶民が自由に参詣できる札所になることはあり得ないから疑わしい。「筑紫三十三番札所」として記録される一七八七（天明七）年ごろの開始ではなかろうか。

九州西国霊場は、福岡県添田町の霊泉寺から始まり、大分県の長谷寺や両子寺など一一寺を巡って熊本県に入る。熊本では阿蘇山を護持する西巌殿寺など三寺に参詣し、再び福岡県筑後地方の清水寺・観音寺などの五寺を経て、佐賀県の竹崎観世音寺など三寺、長崎県では和銅寺・観音寺などの五寺、さらに佐賀県常安寺、福岡県の千如寺大悲王院・鎮国寺など四寺を巡礼し、結願の観世音寺にいたる九州北半五県の三三の観音霊場（実際には三四）の巡礼の旅である。九州西国霊場の札所の順に朱印を捺す集印帳があるが、観世音寺でこれに朱印を捺し、結縁の喜びで満面に笑みをこぼされる参詣者の姿をみると、こちらまで心豊かになる。

同様の霊場に中国観音霊場、四国三十三観音霊場がある。中国観音霊場には三九の札所寺院があり、四国三十三観音霊場は三五の寺院が札所になっている。これに九州西国霊場の三四寺院を加えると一〇八寺院になる。一〇八は人にあるといわれる「煩悩」（一〇八煩悩）の数と一致している。そこで人々のもつ様々な悩みや苦しみを除き幸せを導く「一〇八の智慧」を観世音菩薩に授けていただけるよう、この三霊場が二〇一三年四月から連携し、百八観音霊場が誕生した。

観世音寺は、これまでの九州西国霊場に加えて、百八観音霊場でも結縁の寺としての新たな役割をになうことになった。そこで結縁の証明書を出すことになるが、これが思いのほか多い。超機械化した現代に、観音信仰を護持され各地の観音霊場を巡礼される数多くの結縁者の笑顔こそが、煩悩から解き放たれるときでもある。

このように現在の観世音寺は九州西国霊場、百八観音霊場の結縁の寺として重きをなしている。それは寺名に観世音菩薩のお名前をいただいていることの反映であろうが、本来、観音信仰と縁の深い寺院ではなかった。観世音寺は不空羂索観世音菩薩、後には聖観世音菩薩を本尊としている。それは『続日本紀』元明天皇和銅二年条が伝えるように、百済救援のために征西し、筑紫の朝倉橘広庭宮で崩御された母帝斉明天皇の追福を祈って天智天皇が発願されたという経緯からすれば、観世音菩薩を本尊とし、寺号を観世音寺とするのは当然のことであった。

鎮護国家の重責を担う観世音寺は府大寺とよばれた。八三三（天長十）年に勅によって観世音寺講師兼筑前国講師に任ぜられた恵運（えうん）が「以為九国二島之僧統」と述べ、『延喜式』巻二十一玄蕃寮に「凡太宰観音寺講読師者、預知管内諸国講読師所申之政」とあり、西海道（九州）の高僧に授戒した。このように宗教行政的にも法統においても観世音寺は大宰府管内諸寺を統括する破格の官寺であった。府大寺であり戒壇授戒の官寺であった格式と民間の観音信仰とは結びつかない。しかし律令制度の衰退は、大宰府の権威に翳りをもたらし、その権威を背景にして活動してきた観世音寺が民衆を背景とする観音信仰の寺への変身を迫られたのは必然であった。

3 造像活動にみられる庶民の動き

観世音寺にはその寺号の示すとおり四体の丈六（じょうろく）観世音菩薩像が残されている。丈六とは一丈六尺（仏身はふつう周尺で測られるから、約三七〇センチ）のことで、身長が一丈六尺あったという釈迦の仏身の大きさに造られた仏像をいう。ただ実際には結跏趺坐の坐像に造るので、普通、座高八～九尺の仏像を丈六仏とよんでいる。

観世音寺の丈六観世音菩薩像は、現在宝蔵に移されていて、参詣される方々や観光客の皆様が自由に参拝できるようになっている。いずれも創建当初の仏像ではないが、体内銘などによって造像活動に寄与した僧俗の姿、そして民間の観音信仰への傾斜が垣間見えてくる。

四体は、偶然ながら、宝蔵の奥壁に沿って制作順に安置されている（図23）。このなかでもっとも古い尊像は聖観世音菩薩坐像で、坐像であるにもかかわらず像高三二一センチをはかる。五〇〇センチを超える他の立像に比べれば像高が低いが、坐像は丈六立像の半分になることからすればこれもまた丈六の巨像である。それどころか曲尺でみても一丈を超えており、周尺にすれば丈六に近くなる。一〇六六（治暦二）年の造立だが、その体内に「父母成仏為」に僧とともに藤原重友が墨書しており、そのほかにも貞円・正寿などの僧や平邦氏・紀為延・藤原正

図23　宝蔵の巨像群

国などの大宰府の官人と思われる人名がある。さらに「□吉父あね二人」といった官人らしからぬ銘が墨書されている。その身分が何であっても、この聖観世音菩薩坐像が多くの僧俗の結縁によって造像された事情をうかがうことができる。

その右に、一〇六九（延久元）年に造立された像高四九八センチの十一面観世音菩薩像がある。曲尺の丈六仏になる。この造像に際して、造仏のために資金などを提供し、仏縁にあずかろうとして府老（ふろう）王則宗ら数十人が結縁している。この結縁者の名簿にあたるものが菩薩像の体内に墨書されているが、ほとんどが僧や官人およびその一族（藤原・橘・平・物部・秦・伴・大中臣・清原・安曇など約二〇氏）で、なかには妙令、坂井女などの尼僧の名もみえる。これに先立つ一〇六六（知暦二）年に、僧、大宰大弐藤原師成以下の府官人および左右両郭の男女等が法華経書写を結縁している。これらから、一〇六四年の大風による堂舎の倒壊や尊像の破損の復興を願う、僧俗合わせての観世音寺への信仰心がうかがわれる。

最近、馬頭観音の人気が高いらしく、観世音寺の馬頭観世音菩薩もその例にもれない。宝蔵への搬入の都合で奥壁の中央に安置されていて、本尊と間違う人も多い。これも像高五〇三センチの巨像で、一一二六〜三〇年（大治年中）に大宰大弐藤原経忠によって造立されたという伝承をもつ。これまでの尊像と同様に、体内に上座威儀師暹増や僧長春・僧良寛などの僧名や掃部久・菅野孝交・源貞などの官人層など、僧俗の名前が墨書されている。

一二二一（承久三）年に観世音寺旧本尊の不空羂索観世音菩薩塑像が顚倒破砕する。体内銘によると、創建以来数多くの災難を乗り越えてきた本像の顚倒破砕は、寺家の滅亡のお告げか大宰府衰退のお知らせかと不安に思い、急ぎ翌一二二二（貞応元）年に再興している。像高五一七センチの巨像の体内にそうした経緯が墨書されているが、本像の再興に着手してからは一年一カ月しかかかっていない。体内には、再興にあたっての勧進であった上人阿闍梨慈済（じさい）をはじめ、行事検校威儀師兼執行法橋上人位良慶、大仏師僧琳厳などの僧や山村有永・坂井守道の官人名がみえるだけだが、本像の造立にあたって募金活動とでもいうべき「勧進（かんじん）」をしており、短時間での造像を考えると、多くの民衆の喜捨が背景にあったことを理解できる。

このように、体内銘から、丈六観世音菩薩像の造立に限っても多くの僧俗の結縁、ことに官人層によってそれが可能になっていることが理解できる。

4　観音信仰の寺へ

平安時代末から鎌倉時代の観世音菩薩像の造立に際して官人層を中心とした僧俗の結縁があったことをみてきたが、実際には観音信仰の広がりによって多くの庶民の浄財が寄せられていただろうことは想像に難くない。観世音寺がいつから民間に普及していた観音信仰の対象になったかはっきりしないが、丈六観世音菩薩像の造立への結縁からみて十一世紀にはすでに信仰されていることがうかがえる。その様相を文学作品が記録している。

十一世紀の初頭に完成した紫式部の『源氏物語』玉鬘（たまかずら）巻に「大弐の御館の上の、清水の御寺の、観世音寺に詣で給ひしいきほひは、みかどの御幸（みゆき）にやはおとれる」という部分がある。大宰大弐の妻の観世音寺参詣が帝の御幸にも劣らないほどの勢いであったというのだが、これは帝の実際を知らない田舎者の戯言（ざれごと）の表現だろう。この大弐の妻の観世音寺参詣の描写は、玉鬘の一行が石清水八幡宮と長谷寺に開運祈念のために参詣する部分に出てくる。それを『源氏物語』の注釈書で、一四七二（文明四）年に初稿が成立した一条兼良の著である『花鳥余情』は「八幡に対して、松浦箱崎といひ、長谷寺に対して清水の御寺の観世音寺といへる、物語の作りざまよしなきにあらざるなり」として、当時の観世音寺に対する信仰の厚さが前提になっているとしている。このように十一世紀に入るころには観音霊場としての寺名が高まっている。

同様のことは、平安時代末期に後白河上皇が撰んだ今様（いまよう）歌詞集として知られる『梁塵秘抄（りょうじんひしょう）』によっても知られる。霊験所歌の三一一歌に「筑紫の霊験所は、大山四王寺清水寺、武蔵清滝」とある。ここには筑紫の霊験あらたかな寺院として大山寺・四王寺・清水寺・武蔵寺の四寺と糟屋郡の清滝寺が挙げられている。清水寺は、先の『源氏物語』に「清水の御寺」とあり、一二二二（貞応元）年に再興された観世音寺旧本尊の不空羂索観世音菩薩立像の体内墨書銘に「清水寺」とあるように観世音寺（清水山普門院観世音寺）のことを指しているから、当時すでに「筑紫の霊験所」として広く知られていたことがわかる。

『梁塵秘抄』には別に雑の三八三歌があり、「次田の御湯の次第は、一官二丁三安楽寺、四には四王寺五侍、六膳夫、七九八丈九傔杖、十には国分の武蔵寺、夜は過去の諸衆生」と次田湯（二日市温泉）の入浴順を歌っている。一の「官」は大宰府官人、ことに高級官人を指す。それに続く二の「丁」は寺のことで、「寺」の一文字で名称がわかる有力寺院である観世音寺を意味する。「六膳夫、七九八丈九傔杖」の、七の次の「九」の意味が不明だが、これはおそらく「大」の誤字で、霊験所歌三一一歌にある大山寺・四王寺・清水寺（観世音寺）・武蔵寺の中で三八三歌に名のみられない大山寺を略称したと考えられる。したがって、寺院だけでいえば観世音寺、安楽寺、四王寺、大山寺、国分寺・武蔵寺の順で入浴したことになる。この時期であれば、実力的には安楽寺（現在の太宰府天満宮）が観世音寺の上にあるが、しかし過去の権威と観音信仰の霊場としての新たな権威が入浴順を維持させているように思われる。

考古資料にも、先に紹介したように、平安時代から観音霊場として庶民から篤い崇敬を受けるようになった観世音寺の姿を示す写経聖（ひじり）の巡礼木札（図16）が、観世音寺南大門跡西南隅部の外側で検出された南北溝ＳＤ三八四〇から出土している。平安時代末ごろから、法華経信仰の修行者たちの間に日本六十六国の国ごとに一カ所の寺社を選び、法華経を納経または埋経する信仰（六十六部信仰）が広まり、写経聖が諸国を巡礼した（新城常三『新稿社寺参詣の社会経済史的研究』塙書房、一九八二年）。出土した木札は、一三三三（元亨三）年に、肥後国臼間野荘（現熊本県玉名郡南関町）にある西光寺に止宿する月阿弥陀仏という僧が、六十六部の法華経を書写し、六十六国の霊場をめぐり、奉納するという内容が記されている。すなわち、この木札の出土は、僧月阿弥陀仏が法華経を奉納する目的とした全国六十六カ所の霊場のうちに、筑前国の一寺として観世音寺を選び、実際に参詣してそのうちの一部を奉納し供養したことを示している。中世後期に、観世音寺が観音霊場として信仰を集めていたことを物語る格好の資料で、先の『源氏物語』『花鳥余情』や『梁塵秘抄』にあらわれた観世音寺に対する観音信仰の高まりが、鎌倉時代後期にいたっていっそう盛んになっていく実態を示している。実際、東大寺の末寺化後に次第に観世音寺の権威は衰えていくと捉えられがちだが、衰亡する東大寺の堂舎の再建の費用を拠出し、中世に四十九院とよばれる一山を形成するなど、中世の観世音寺は古代に劣らぬ勢威を維持していた。それは民衆の観音信仰に支えられたものであった。

豊臣秀吉によって短期間廃寺になった時期もあったが、創建以来現在まで大宰府の盛衰を見届けてきた観世音寺には、古都の歴史を偲ぼうとして来られる歴史の愛好家や観光客の姿とともに、観音霊場として数多くの人びとが参詣される。天智天皇が母帝斉明天皇の追福を祈って創建されたこの寺は、今でも名前の通りに大慈大悲をもって人びとの悩みを救済する観音信仰の寺であり、九州西国三十三番札所および百八観音霊場の結縁の寺でもあるから、観音の慈悲を求めて多くの方が来られる。仏法で日本を守られてきた不空羂索観世音菩薩は、そのたおやかな尊顔にもかかわらず羂索と剣で人の煩悩を断ち切り、道を間違えないように智慧を授けていただけるし、忿怒の形相をされた馬頭観世音菩薩には馬が草を食べるように人の煩悩を解いていただける。車社会の現在では、馬頭観世音菩薩に交通安全を祈念する人や、馬の安産にあやかって安産を願われる人も多い。

Ⅷ　観世音寺の復興

1　福岡藩の観世音寺復興

一四八〇（文明十二）年に連歌師宗祇（そうぎ）は来訪した観世音寺をその著『筑紫道記』に、「諸堂塔婆回廊みな跡もなく、名のみぞむかしのかたみとはみえ侍る。観音の御堂は今に廃せる事なし。さては阿弥陀仏のおはします堂又戒壇院かたのごとく有」と描写していて、講堂（観音の御堂）・金堂（阿弥陀仏のおわします堂）・戒壇院のみが寒々と建つ荒れ寺の印象を受ける。これは、先に子院の廃絶が十六世紀であると紹介したように十五世紀には活動する子院もあったようだから、観世音寺への期待が外れた宗祇の筆の走りもあるらしいが、周辺に子院群を配した活気ある大寺とは思われない。

そして一五八六（天正十四）年に観世音寺は悲劇のときを迎える。豊臣秀吉の九州征伐の前年にあたるこの年、観世音寺の後背にある大野山中腹の岩屋城に拠った高橋紹運（じょううん）の軍勢と戦った島津勢は、創建以来の金堂本尊である銅鋳丈六阿弥陀如来像を潰して刀の鍔にし、諸堂に火を放つなどの乱暴狼藉を働いている。そこで島津義弘は兵士を寺から追い出し、制札を立て、東西南北の四門の警備を行っている。門の警備を行う以上、門そして破損していたであろうが築地の存在が推測される。宗祇の描写が正しければ、講堂・金堂・戒壇院しか無いのだから、これらが炎上したことになるが、現存する諸尊像には火を受けた痕跡は無い。したがって島津勢の乱暴狼藉の後に宗祇の状態になったのが実際であろうが、無惨なことであった。

一五八八（天正十六）年、豊臣秀吉は観世音寺の後背にある鎮守日吉神社に陣を張るが、世情に疎かった時の別当が車に乗ったまま秀吉の面前に出て対等の応接をし、秀吉の怒りに触れ、寺領の大半を没収されている。ただ、先述したように一五九〇（天正十八）年に志摩郡御床村と御笠郡坂本村で寺領田畑一〇〇町余が検地されている。寺蔵の「太宰府観世音寺開基由来」には、秀吉によって寺領一〇〇〇石のうちの七〇〇石を没収されたとある。一五九五（文禄四）年に秀吉の意を受けた小早川隆景が観世音寺村の内の地三〇〇石を寄進しているから、実質的にはこれが没収漏れの分であろうが、御床村と坂本村は検地後に没収されていると思われる。隆景寄進の三〇〇石も小早川秀秋によって没収され、一六〇〇（慶長五）年の黒田長政の入国に際して上座坊（現住職石田家）を除いて僧侶が退散して、廃寺の危機にみまわれることになる。

一六〇三（慶長八）年の「観世音寺堂廻検地之帳」によれば、寺領はわずかに九反六畝二一歩にすぎなかった。一六〇八年に参詣した藩主黒田長政の父如水は寺僧琳応から来歴と苦衷を聞き、自ら堂廻（現在の境内一帯の地名）の新田開発を指揮するとともに、五反六畝七歩を寄進している。この計一町五反二畝二八歩からの収穫高五石が江戸時代を通じての寺産となったから、秀吉以前とくらべてもその零落はいちじるしい。

この当時の堂舎の姿を、是斎重鑑は「本堂のみわつかに残れり」と嘆いているが、わずかに残っていた講堂も一六三〇（寛永七）年の大暴風雨で倒壊した。そこで福岡藩主黒田忠之は仮堂を建て不空羂策観世音菩薩像などの諸尊を修復安置している。この仮堂が金堂（阿弥陀堂）である。その後一六六八（寛文八）年ごろに福岡藩士鎌田昌勝らによって戒壇堂の建立や本尊盧舎那仏坐像の修復が進み、一六八〇（延宝八）年の天王寺屋浦了夢による改修で、戒壇院は現在の姿になっている。もっとも遅れたのが講堂で、藩主黒田光之や浦了夢の妻子などによって、一六八八（元禄元）年に再建されている。このように藩主黒田家の保護や天王寺屋一族などの努力があって、一六八八（元禄元）年に金堂・講堂・戒壇院の復興を果たし、法灯は保たれる。その後、一六九六年に諸尊像の修復も終わり、堂舎と合わせて元禄の再興とよんでいる（図24）。

その喜びが続く一七〇三（元禄十六）年に、藩命によって戒壇院が臨済宗の寺として分離独立する。黒田家の裁定によって、戒壇院は寺号を維持し、観世音寺は登壇授戒の権利を継承することになったが、すでに受戒を希望する僧侶も無く、名を取り実を捨てる結果となった。観世

図24　『筑前国続風土記附録』に描かれた観世音寺と戒壇院

音寺での授戒の記録は、先に紹介した一五五四（天文二十三）年の豊後国道脇寺の僧に授けた具足戒が事実上最後になる。しかし分離独立後にも、肥後国天草の東向寺一三世住職瑞岡珍牛（ずいこうちんぎゅう）が一四歳であった一七五六（宝暦六）年に筑前国太宰府の戒壇院で戒学を修めている。さらに一八〇一（享和元）年に亡くなった秀井（菊地）慈泉の戒壇の師として「筑前国観世音寺戒壇院大空玄照律師」の名がある（髙倉洋彰・坂上康俊「府大寺観世音寺の創建」『太宰府市史』通史編Ⅰ、太宰府市、二〇〇五年）。授戒の最後の記録になるが、戒壇院の大空玄照律師が授戒しており、藩の裁定は反故にされている。

　長崎県壱岐市黒崎に観世音寺がある。観音寺は多いが観世音寺は珍しいし、古代の筑紫観世音寺は壱岐島に寺領として継崎の牧を有していたので、何らかの縁があるのではと思い寺号のいわれをうかがったことがある。近年の失火で記録類が焼亡したため詳細はわからないが、ご先祖が戒壇院で修行し寺に残るよう望まれたが、帰郷した。その際にのれん分けのような形で観世音寺の寺号を与えられたといういわれがあるとのことだった。このいわれからすれば一七〇三年の戒壇院分離以前のことであろう。

ともあれ、府大寺としての権威に続いて、名ばかりになっていたとはいえ三戒壇の地位を失う。観世音寺の天台宗化の時期は明らかでないが、比叡山と密接な関係にある日吉神社（日吉山王宮）が、一一四三（康治二）年以前に鎮守として勧請されており、東大寺末寺化とほぼ同時期の、平安時代末期以降は実質的に天台宗寺院であったと考えられる。八二二（弘仁十三）年に比叡山に戒壇が設けられ四戒壇になるが、以後も天台宗僧が観世音寺で受戒しているなどのことを機縁として、比叡山との関係が深まったのであろう。寺蔵の「太宰府観世音寺年中行事目録」によれば、観世音寺の年中行事に天台寺院の大山寺と安楽寺が出仕しており、「目録」の表紙にも「天台」のメモ書きがある。しかし三戒壇八宗兼学の寺としての矜持を捨てず、戒壇のある八宗兼学の寺として宗派を明らかにすることはなく、天台宗を名乗るのは明治にはいってからで、たとえば伊東尾四郎編『福岡県史資料』第六輯、一九三六年の「県内寺院一覧」では天台宗とされているが、正式には宗教法人法成立後の一九五三（昭和二十八）年のことであった。

図25　大成館刊『大日本名所図録図絵』の観世音寺

2　観世音寺復興会による復興

明治初年（一八七〇年ごろ）、藩命によって一五〇年近く安楽寺（現太宰府天満宮）に預けられていた、観世音寺の栄枯盛衰を見守ってきた銅鐘が返還される。それを架けた鐘楼は、一八二一（文政四）年ごろに奥村玉蘭が作成した『筑前名所図会』などの江戸時代の地誌類には認められないが、一八九八（明治三十一）年に大阪の大成館刊の『大日本名所図録図絵』のうちの「観世音寺境内之図」には講堂の前方東南にある（図25）。また江戸時代の地誌類や「境内之図」に土盛り状に描かれている五重塔の基壇は一九一七（大正六）年の境内拡張にともない削平されているが、これを契機として観世音寺の現在につながる復興がはじまる。

一九三三（昭和八）年に組織された観世音寺奉賛会によって、元禄の再興以後の風雨や白蟻による害で倒壊しかねない状態にあった金堂・講堂の修復がはじめられた。しかしこの事業は第二次世界大戦の開始によって中止される。これを継続したのは戦後に設立された観世音寺復興会で、一九五一（昭和二十六）年に講堂・金堂の修復を進めるとともに、講堂の東南隅にあった鐘楼を五重塔跡の東側に移し、講堂の前面にあった二基が並立していた石燈籠を旧状の一基にしている。さらに一九六〇年に板壁になっていた講堂を白壁に戻している。

朽損が進んでいた諸尊像も、一九一三〜一五（大正二〜四）年に奈良美術院、一九五七（昭和三十二）年には筑紫観世音寺文化財保存会が設立され、美術院国宝修理所によって金堂本尊の阿弥陀如来坐像、講堂本尊の聖観世音菩薩坐像と十一面観世音菩薩立像などの修理が行われ、西日本屈指の仏教芸術の粋としての本来の偉容を取り戻している（倉田文作編『観世音寺』重要文化財仏像修理報告書、福岡県文化財調査報告書二〇集、一九六〇年）。そして火事や大風などの自然災害をたびたび受けてきた歴史を繰り返さないよう、一九五九（昭和三十四）年には諸尊像を災害から守るための宝蔵が同種施設としては日本で最初に設けられ、現在の寺容が整えられている。

創建当時の観世音寺の伽藍を復原することはできないが、図上では可能になる。それには発掘調査が威力を発揮する。観世音寺における考古学上の発掘調査は一九五二（昭和二十七）年に九州大学九州文化綜合研究所と福岡県教育庁によって実施され、境内や子院金光寺跡などが調査されている。五年後の一九五七年には、文化財収蔵庫（宝蔵）建設の事前調査として鏡山猛・福山敏男・沢村仁氏らによって、講堂・金堂・中門・南大門などが発掘調査されている。さらに一九六八年に九州歴史資料館による大宰府史跡の発掘調査がはじまると、計画的に観世音寺は調査されるようになり、講堂・金堂・五重塔・大房・回廊・戒壇院・大衆院それに子院群の規模や修復過程などが明らかになってきた。その成果にもとづいて大房・金光寺子院群・子院学業寺が平面復原されている。

観世音寺の最大の財産は、九州西国三十三カ寺観音霊場・百八観音霊場の札所打止の寺として現在も受けている崇拝であり、府大寺・三戒壇としての歴史である。『延喜五年観世音寺資財帳』や「観世音寺絵図」、発掘調査の成果、今も受け継がれている創建時の伽藍配置などが、古代、さらに徐々にではあるが、中世以降現在にいたる観世音寺の姿を甦らせてきている。うっそうとした木立に囲まれたこの古寺が積み重ねてきた官寺から観音信仰の寺への歴史に思いをはせながら、参詣していただければと願っている。

Ⅸ　観世音寺の尊像と文化財

1　境内の文化財

かつて遠の朝廷大宰府が置かれた古都福岡県太宰府市には今でも多くの人びとが訪れる。観世音寺は大宰府史跡の一画にあり、春の山藤・藤、初夏には心字池の菖蒲と五重塔心礎の周囲を彩るつつじが満開になり、秋の赤く黄葉する南京ハゼ、そして冬の雪景色が美しい。境内にある宝蔵に掲げられている太宰府市在住の平岡浩画伯が描かれた観世音寺の四季の絵がその美しさを伝えてくれる（図26）。天智天皇が母帝斉明天皇の冥福を祈って発願され、六八六年に完成した府大寺観世音寺のかつての偉容は無くなってしまったが、大宰府から太宰府へと変わりいく歴史の証人として、そして参拝される方々の心を安らげる寺として静座している。

観世音寺の参道入口には福島県妙林寺の張堂大龍師の格調高い書体を刻んだ「観世音寺」碑がある。碑の横の銀杏やかつての鳥居の礎石を見、うっそうとした楠の並木のなか、講堂（本

図26　平岡浩画伯が描かれた観世音寺の四季

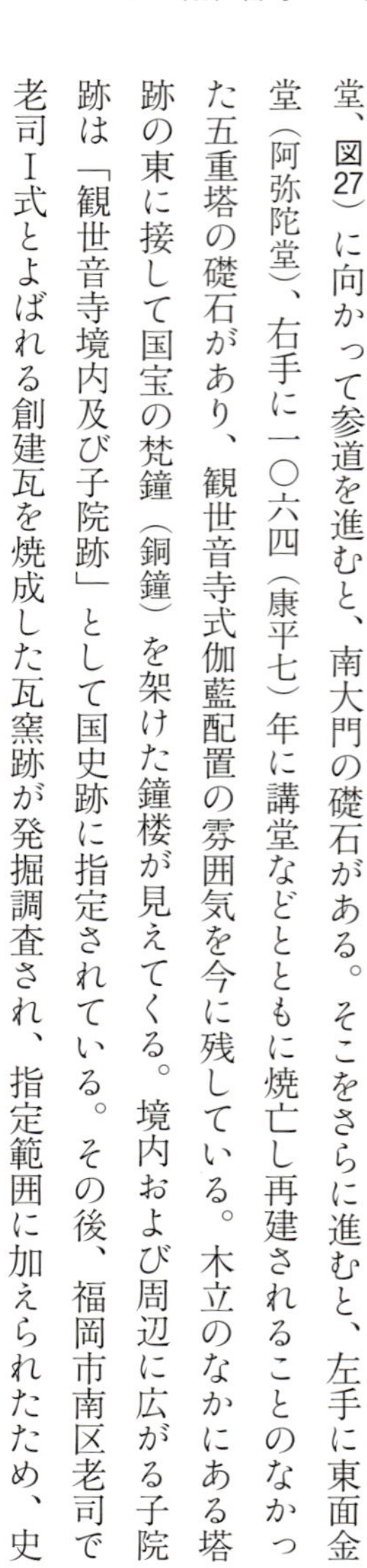

堂、図27）に向かって参道を進むと、南大門の礎石がある。そこをさらに進むと、左手に東面金堂（阿弥陀堂）、右手に一〇六四（康平七）年に講堂などとともに焼亡し再建されることのなかった五重塔の礎石があり、観世音寺式伽藍配置の雰囲気を今に残している。木立のなかにある塔跡の東に接して国宝の梵鐘（銅鐘）を架けた鐘楼が見えてくる。境内および周辺に広がる子院跡は「観世音寺境内及び子院跡」として国史跡に指定されている。その後、福岡市南区老司で老司Ⅰ式とよばれる創建瓦を焼成した瓦窯跡が発掘調査され、指定範囲に加えられたため、史

図 27　境内の景観

図28　豊福知徳氏彫刻の金堂鬼瓦と銘

跡名は「観世音寺境内及び子院跡 附 老司瓦窯跡」に変更されている。

金堂　福岡県文化財　創建時の金堂（中世末以降阿弥陀堂と言い慣わしてきていたが、現在では金堂とよんでおり、以下はそのように表記する）は『延喜五年資財帳』に「瓦葺二層金堂壹宇長五丈四尺 高一丈四尺五寸　廣三丈四尺五寸」とある。発掘調査によって重建された過去の基壇が検出されているが、いずれも東に面している。一六三一（寛永八）年に福岡藩主黒田忠之によって再建された現在の金堂も東面し、規模とともに古制を伝えている。

二〇一五（平成二十七）年春に金堂の屋根瓦を葺き替えた。いったん下ろした降り棟を飾る鬼瓦を間近に見ると、二面は阿吽形に造形され、ことに阿形は般若面のようでもあるが、むしろ西洋風の風貌の鬼面であった（図28）。これはと思い裏面を見ると

一九百五十年六月
観世音寺金堂修築

現住　　　石田琳樹
彫刻家　　豊福知徳
窯元　太宰府　平井　明

の銘があった。石田琳樹は観世音寺の復興に偉大な足跡を残した先々代の住職だが、豊福知徳氏はイタリアで活躍された著名な彫刻家で、師匠の冨永朝堂氏とともに観世音寺に寄宿されていた。窯元の平井明氏は、古瓦に「平井瓦屋」の銘を印する奈良時代以来の伝統をもち、中世には九州総鋳物師を称した平井家の後裔で、観世音寺宝蔵の瓦を焼かれた後に廃業されている。

講堂　福岡県文化財　『延喜五年資財帳』が「瓦葺講堂壹宇長十丈 廣五丈一尺 高一丈三尺 戸六具」とする創建講堂にくらべ、一六八八（元禄元）年に福岡藩主黒田光之や天王寺屋浦了夢一族によって再建された現存の講堂（金堂と同様に本堂と言い慣わしてきていたが、現在では講堂とよんでいる）は平面規模で二・五分の一に縮小している。創建講堂に堂宇の前面や中軸を合わせており、これも古制を守っている。講堂の周囲には創建講堂の礎石や基壇の化粧石列が残っている。

講堂の背後には発掘調査の成果にもとづいて僧房（大房）が復原整備されている。講堂の西北の民家の傍らに玄昉（げんぼう）の墓と伝えられる浮彫宝篋印塔がある（図29）。鎌倉時代後期ごろの作で、もちろん玄昉には関係ないが、石塔として優れていて見学者が多い。

境内では南大門跡、金堂、講堂、塔跡や鐘楼、そして復原整備された僧房（大房）などの堂

図29　玄昉の供養塔

塔の遺構を散策見学できるが、本尊の重要文化財木造聖観音立像、国宝梵鐘や重要美術品碾磑も見逃せない。

梵鐘　**国宝**（図30）　国宝観世音寺鐘は、総高一六〇・五センチ、口径八六・三センチをはかる大形の鐘で、鐘身の高さにくらべて口径が小さく、龍頭が総高の二割におよぶなど、均斉のとれた全体にすっきりと締まった形をしている。鐘身の下から五分の二ほどのところに撞座がある。鐘は本来腰撞きされたために撞座を高く造っていたが、本鐘の撞座は古鐘のなかでももっとも高く、本来の高さを保っている。肩の位置で撞くようになってから鐘口のすぐ上に造られるようになる鐘にくらべ、日本最古の銅鐘にふさわしい風格がある。荒々しい彫りで力強く表現された龍頭と直交する位置に撞座がある点も古式の特徴である。撞座を飾る複弁一二弁の蓮華文は、天台寺式とよばれる新羅系の古瓦によく似ている。鐘身の上帯と下帯には忍冬唐草文が鋭く鋳出されている。

観世音寺鐘は古期の特徴を多くもっているが、鐘口下底部分に「上三毛」（新羅系の渡来人が多く住む豊前国上毛郡の古名）と「麻呂」が陰刻されているものの、紀年銘を欠いている。しかし、幸いなことに紀年銘のある最古の銅鐘である京都の妙心寺鐘に、形態や法量が酷似している。一九八四年に九州歴史資料館の開館十周年記念「国宝観世音寺鐘妙心寺鐘とその時代」展、そして二〇一〇年には九州国立博物館の「妙心寺―禅の至宝と九州・琉球―」展で、両鐘が並べて展示された。九州歴史資料館での展示の際に両鐘の実測図が作成されているが、両鐘の身の形状・数値はまったく一致することがわかった。

　これによって同じ工房の同じ鋳型で鋳造されたことが明らかとなり、妙心寺鐘の内側に「戊戌年四月十三日壬寅収糟屋評造春米連廣国鋳鐘」とある銘文から、制作地や制作時期を知る手がかりが得られている。糟屋評（かすやのこおり）は筑前国糟屋郡のことで、現在の福岡市東区および福岡県糟屋郡に相当することから、この地で戊戌年（六九八年）に制作されたことが理解できる。一帯では、福岡市東区八田（はった）を中心に弥生時代の銅剣や銅戈の鋳型が多数出土しているし、大正時代まで銅の採掘が行われていたから、鋳造の場としての条件は十分である。

図30　日本最古の国宝梵鐘

　両鐘をくらべると、妙心寺鐘は龍頭の高さが小ぶりな点と、上下帯の唐草文が忍冬ではなく宝相華に変わっている点で観世音寺鐘と異なる。忍冬唐草文から宝相華唐草文への変化は、韓国慶州市にある新羅の雁鴨池宮殿遺跡の発掘調査によって、六七五年前後に生じていることがわかっている。そこで観世音寺鐘は妙心寺鐘よりも二〇年ほど古い時期の制作であると考えられる。

『日本書紀』によれば、筑紫大宰丹比真人嶋らが、六八二年に大宰府に大鐘を貢上している。時期的な近似、龍頭に代表される作例の重厚さ、音調のすばらしさ、そしてこれほどの大鐘を必要とする寺院がそれほどあったとは思えないから、六八二年に丹比真人嶋らが貢上した鐘が観世音寺鐘であると判断できる。

除夜の鐘は一〇八回撞くが、大晦日のうちに一〇七回撞き、残りの一回が新年最初の音色となる。観世音寺では前後の数回を除いて参詣の方々に撞いていただいているが、七世紀後半に鋳造された日本最古の銅鐘を撞く機会は除夜の鐘など限られたときにしかないので、この名鐘を撞きたいと希望される方は多い。かつて、大宰府に左遷された菅原道真公を「都府楼纔看瓦色、観音寺只聴鐘声」(「不出門」)と慰めた黄鐘調の妙なる鐘声は、「観世音寺の鐘」として環境庁(現在の環境省)の「日本の音風景百選」に選ばれている。菅公を慰めた鐘の音を今でも聴けるところに、古都大宰府の魅力がある。

礩礎　重要美術品(図31)　講堂の正面に階段があるが、昇り終えたら左手に注目していただきたい。そこに天平石臼とよばれる重要美術品指定の日本最古の碾磑が何気なく置かれている。

碾磑は石製大臼のことで、直径約一メートル、上臼の厚さ二五センチ、下臼厚三〇センチをはかる。花崗岩製。上臼上面の中央は直径三六センチに彫り窪められて凹部となっており、孔が二つ彫り込まれている。さらに二孔に直交して上面端部から側面にかけて「く」字形の二孔が穿たれている。擦り面の中央は下臼には半球形の凹部、上臼にも半球形の凸部がしつらえられており、それぞれの中心に中心軸を固定するための穴が掘られている。

この碾磑は大臼の大きさからみて人力での操作は難しい。明末の宋応星が著した『天工開

図31　日本最古の石造碾磑

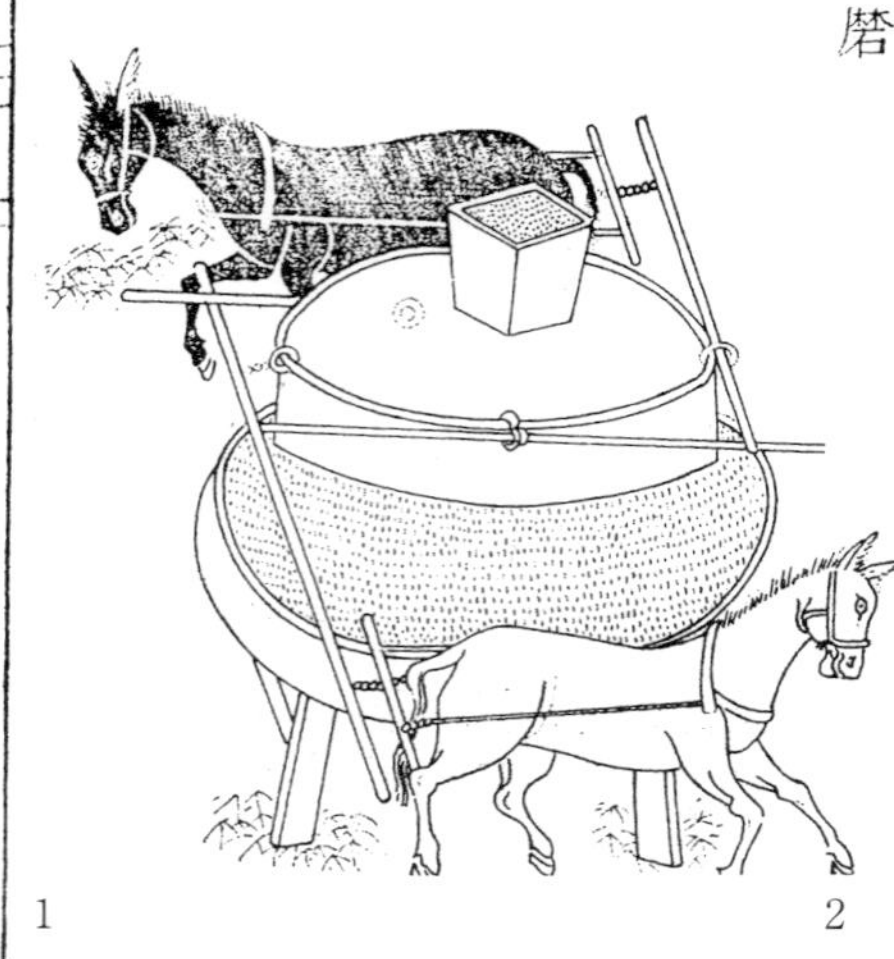

図32　『天工開物』の「牛碾」(左)と『授時通考』の「磨」

物』などの中国の用例から、「く」字形孔に紐を通して横棒に括りつけて牛などの家畜を繫ぎ、畜力で粉を挽かせたのであろう。『天工開物』は臼を「磨」と「碾」に大別し、稲の籾殻を取るときに磨、糠を取り去るときや乾いた籾の殻を取るとき、そして朱墨を作るときに碾を使用するとある。挿図として牛碾(図32−1)と石碾が添えられているが、中央に置いた円台の周りに受け皿があり、そこに撒かれた籾を小形の石碾で擦っている。中心の円台が碾磑そのものになっている観世音寺例とは大きく異なるが、牛の使い方は同じであろう。『授時通考』にある「磨」がむしろ観世音寺碾磑に近い(図32−2)。

『日本書紀』に高句麗僧曇徴が六一〇(推古十八)年にはじめて碾磑を造ったとある。粉体工学の権威であった故三輪茂雄同志社大学教授は観世音寺碾磑が曇徴造の碾磑そのものである可能性に言及されている。東大寺の転害門はもともと碾磑門であった。

『延喜五年資財帳』大衆物章に造瓦屋の粉熟機具として臼一と碓二が記されているが、碓二は八二二（弘仁十三）年までに大破している。残りの臼がこの碾磑かもしれないが、法量不明のため検証できない。ほかに記録は無いが、江戸時代の地誌類は、観世音寺の造営時に朱を擦った臼とか、鬼の茶臼（石臼）などと伝えている。故三輪博士の要請で上臼と下臼を分離し並べたことがあるが、鋸歯文状に八区画に分けられた刻み目にはそれぞれ深い溝が一〇本彫られていた。擦り面の目は逆になっており（図31）、上臼と下臼が合わさったときに目は同じ方向になる。しかも溝間の頂面は平滑になっており、穀物は擦れない。しかし溝に水を流しながら鉱石を微細に擦るのに適しており（三輪茂雄『粉の文化史』新潮選書、一九八七年）、朱墨を擦るのに碾を用いるとする『天工開物』の解説もあるから、地誌類の伝承は根拠あるもののようである。

図33　本尊木造聖観音（杵島観音）立像

木造聖観音立像（杵島観音立像）重要文化財（図33）　講堂に詣でると、正面の厨子のなかに安置された本尊の重要文化財木造聖観音立像（前章まで観世音菩薩と表現してきたが、この章は文化財としての紹介であるから、指定名称にしたがう）を拝むことができる。本尊聖観音は、文武天皇の時代に肥前国杵島の沖で漁師の網にかかり引き揚げられたという伝承があり、杵島観音とよばれている。一一四三（康治二）年の「年中佛聖燈油幷恒例佛事料米相折帳」によれば杵島観音は講堂に安置されており、「観世音寺絵図」にも上方に杵島観音の引き揚げを思わせる場面があり、伝承の古さを示している。しかし本像自体は平安時代後期の作とみられ、文武天皇の時代まではさかのぼらない。樟材の一木造りで、像高は一六八・〇センチある。体内に「大仏師良俊　俊頼」などの墨書があるが、造像時期を示す紀年などはない。

観世音寺は宗教法人の手続きに際し、講堂本尊の重要文化財木造聖観音坐像を、本尊聖観音として届け出ている。その後宝蔵が建設され、聖観音坐像が宝蔵に安置されることになり、寺院として本尊を失いかねない事態となった。ところが幸いなことに届出書には本尊を聖観音としており、聖観音坐像ではなかった。そこで同じ聖観音である聖観音立像を新たに本尊にしている。したがって聖観音立像（杵島観音）の観世音寺本尊としての歴史は新しい。なお、本尊聖観音立像を納める厨子は彫刻家冨永朝堂氏によって制作されている。

図34　仏教芸術の殿堂「宝蔵」

2　宝蔵の文化財

かつて講堂に五メートルを超える巨像が立ち並んでいた当時から、観世音寺の尊像群は西日本随一の仏教美術の粋として人びとの心と目を奪っていたが、この寺には火災や台風による数々の被災の歴史がある。そこでこの寺の優れた仏像群を後世に伝えるため、国内の同様の収蔵施設に先駆けて、一九五九年に伊東忠太博士の設計による正倉院風の宝蔵が建てられた（図34）。

宝蔵に入ると、まず階段下の陳列ケースに「観世音寺絵図」と重要文化財の越州窯系青磁三足壺（鍑）がある。二階に昇ると、重要文化財に指定されている仏像彫刻の粋が立ち並んでいる。左側面に地蔵菩薩・兜跋毘沙門天像・地蔵菩薩・十一面観世音立像・聖観世音坐像（旧講堂本尊）、正面には十一面観世音立像・馬頭観世音立像・不空羂索観世音立像の丈六仏三体が並ぶ様は圧巻である。右側面には阿弥陀如来坐像（旧金堂本尊）・四天王像・大黒天像・十一面観世音立像・吉祥天像を配する。これら宝蔵の諸尊像と講堂の木造聖観音立像のほかに重要文化財木造阿弥陀如来立像があるが、勧告出品によって九州国立博物館に寄託している。造像の歴史については図35にまとめているので、宝蔵の安置順に紹介しよう。

木造地蔵菩薩立像　重要文化財（図36）　樟材の一木造で、像高一三六・三センチをはかる。地蔵菩薩は、釈迦如来が入滅し弥勒如来があらわれるまでの間、全ての衆生の苦を取り除くために、僧侶の姿（声聞形）で歩き回り衆生を救う。そのために錫杖をもつが、本像は胸脇に不幸を除き願いをかなえる宝珠もつ左手を置き、垂れ下げた右手の掌を外に向けて衆生の怖れを取り去るように施無畏の印を示していて、古相がみられる。一木造ながら内刳りをしていない点や腰高な体形、衣文（えもん）の表現にも古相があり、十世紀ごろの作であろう。

木造毘沙門天立像　重要文化財（図37）　重要文化財の指定名称は木造毘沙門天立像だが、甲冑で身を固め、左手に宝塔、右手に武器をもち、女神のように造られた地天女の両手に支えられて立っているところから兜跋毘沙門天像として知られている。樟材の一木造で、像高一六〇センチは観世音寺の諸尊のなかでは小柄であるが、内刳りをしない古式の技法のために重い。地天女の後ろから尼藍婆（にらんば）と毘藍婆（びらんば）の二鬼が鋭いまなざしで見つめている。毘沙門天像の本体とともに地天女と二鬼の仕上げは素晴らしい。奈良国立博物館で「日本仏教の源流」展が開催さ

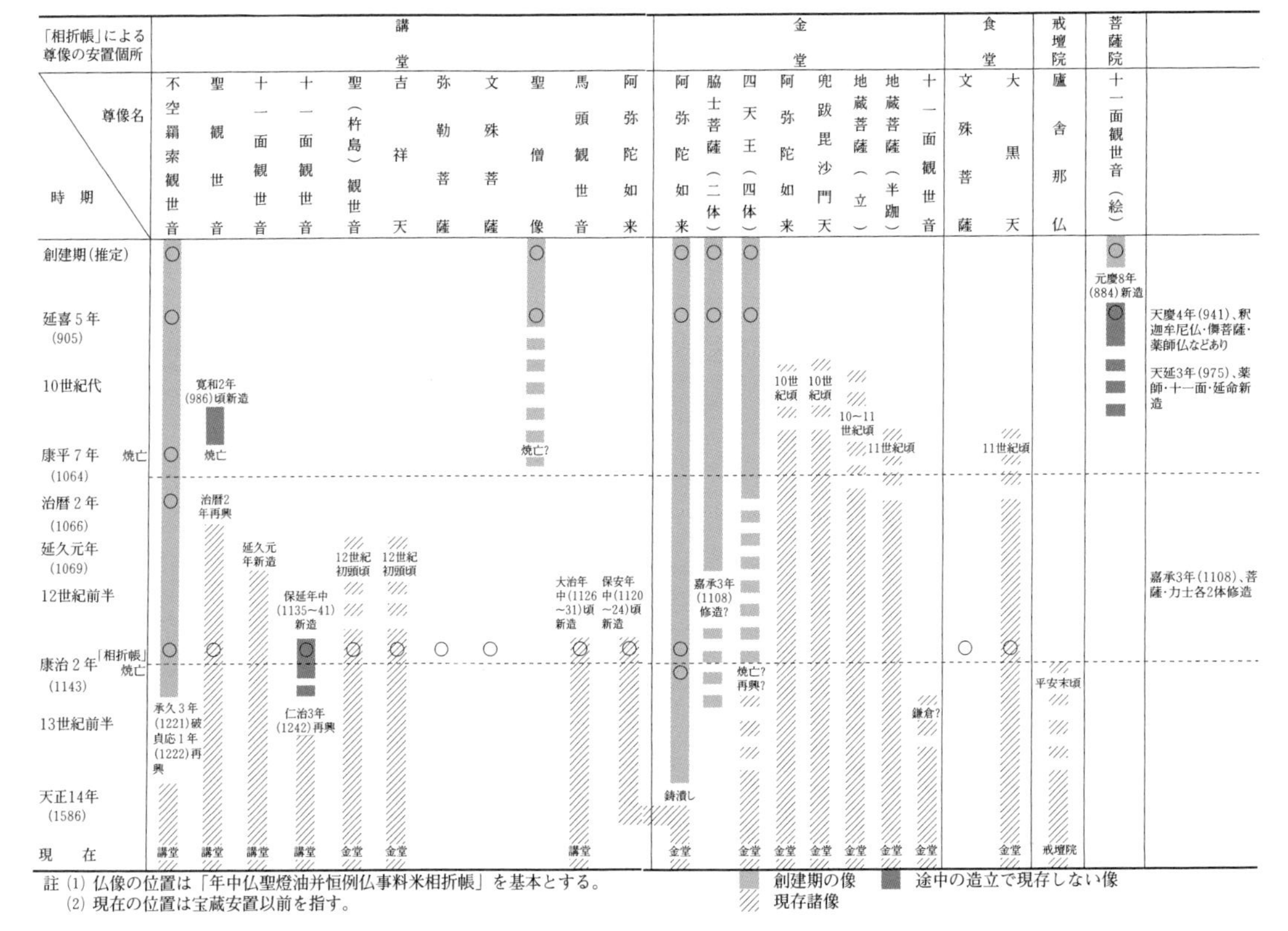
「相折帳」による尊像の安置個所
講堂
金堂
食堂
戒壇院
菩薩院
尊像名
時期
不空羂索観世音
聖観世音
十一面観世音
十一面観世音
聖(杵島)観世音
吉祥天
弥勒菩薩
文殊菩薩
聖僧像
馬頭観世音
阿弥陀如来
阿弥陀如来
脇士菩薩(二体)
四天王(四体)
阿弥陀如来
兜跋毘沙門天
地蔵菩薩(立)
地蔵菩薩(半跏)
十一面観世音
文殊菩薩
大黒天
盧舎那仏
十一面観世音(絵)
創建期(推定)
延喜5年(905)
10世紀代
康平7年(1064) 焼亡
治暦2年(1066)
延久元年(1069)
12世紀前半
康治2年(1143)「相折帳」焼亡
13世紀前半
天正14年(1586)
現在
寛和2年(986)頃新造
焼亡
焼亡?
治暦2年再興
延久元年新造
12世紀初頭頃
12世紀初頭頃
保延年中(1135~41)新造
大治年中(1126~31)頃新造
保安年中(1120~24)頃新造
嘉承3年(1108)修造?
焼亡? 再興?
10世紀頃
10世紀頃
10~11世紀頃
11世紀頃
11世紀頃
承久3年(1221)破 貞応1年(1222)再興
仁治3年(1242)再興
鎌倉?
平安末頃
鋳潰し
元慶8年(884)新造
天慶4年(941)、釈迦牟尼仏・脇菩薩・薬師仏などあり
天延3年(975)、薬師・十一面・延命新造
嘉承3年(1108)、菩薩・力士各2体修造
講堂
金堂
戒壇院
註(1)仏像の位置は「年中仏聖燈油并恒例仏事料米相折帳」を基本とする。
(2)現在の位置は宝蔵安置以前を指す。
創建期の像
現存諸像
途中の造立で現存しない像

図35 造像の歴史

図36　木造地蔵菩薩立像

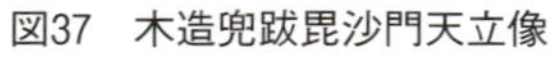

図37　木造兜跋毘沙門天立像

れたときに、諸寺の兜跋毘沙門天像を集めた部屋があった。観世音寺像以外は国宝だったが、見学者が口々に国宝よりも重要文化財のほうが優れていると語るほどの、兜跋毘沙門天像のなかでも逸品である。

　ところが、十世紀初めごろの作と考えられる本像は、近世にいたるまで観世音寺の記録に残らない。唐の玄宗皇帝の時代に、西域兜跋国の安西城が敵に包囲されたときに、楼門にあらわれた毘沙門天が救助したことから、唐代に王城警護のために都城の楼門に兜跋毘沙門天像を安置するようになったという。京都市の教王護国寺（東寺）の兜跋毘沙門天像も平安京羅城門に安置されていた像が、門の顛倒によって一二八四年に東寺に移されたという由来をもっている。したがって記録の無さは大宰府羅城門安置像であったことを意味する可能性がある。

図38　木造地蔵菩薩半跏像

図39　木造十一面観音立像

木造地蔵菩薩半跏像　**重要文化財**（図38）

樟材の一木造で、像高一二三・六センチをはかる。左手に宝珠をもつところは先の立像と変わらないが、衆生を救うためにどこにでも出かけることができるように右手に錫杖をもつ。岩座に座り左足を下げた姿勢には安らぎがある。十一世紀ごろの作で、修復された部分が多いため原形を失っている部分もあるが、平安時代の半跏像として貴重な例になる。

木造十一面観音立像　**重要文化財**（図39）

観世音寺の諸尊のなかではもっとも小さな作例で、像高一〇三・三センチである。桧材の一木造。制作時期はわかっていない。

木造聖観音坐像　**重要文化財**（図40）　旧講堂本尊で、観世音寺では現在も本尊木造

図40　木造聖観音坐像

聖観世音立像とともに本尊として敬っている。聖観音は、大慈大悲の心で衆生の悩みや苦しみを取り除き安楽を与えていただく、観音菩薩の基本になる。桧材の寄木造で、坐像ではあるが像高三二一センチをはかる。五〇〇センチを超える他の立像に比べれば像高が低いが、坐像は丈六立像の半分になることからすればこれもまた丈六の巨像である。それどころか曲尺でみても一丈を超えており、周尺にすれば丈六に近くなる。体内の墨書銘によれば一〇六六（治暦二）年に造立されており、平安時代後期の典型的な作例である。作風が次の十一面観音立像に近く、制作年の近さを考えると、その作者である大仏師暹明かあるいは同じ工房での作と思われる。体内に僧と藤原重友の「父母成仏為」とする趣意の墨書があり、そのほかにも貞円・正寿などの僧や平邦氏・紀為延・藤原正国などの大宰府の官人と思われる人名があり、この聖観世音菩薩坐像が多くの僧俗の結縁によって造像された事情をうかがうことができる。

木造十一面観音立像　**重要文化財**（図41）　頭部に十一面を付ける十一面観音は古代に普及した観音で、一一の顔面つまり数多い明晰な頭（頭脳）で衆生を悩みや障害から救ってくれる。

胸の前に蓮華をさした水瓶をもつ左手を置き、右手は垂れ下げられている。外に向けられた掌は施無畏の印を示している。この穏やかさにあふれた観音像は肩部の墨書紀年銘から一〇六九（延久元）年に造立されており、像高四九八センチをはかる曲尺の丈六仏になる。桧材の寄木造で、大仏師暹明の作。地方仏とは思えない作風で、観世音寺諸尊像のなかの白眉である。この造像に際して、造仏のために資金などを提供し、仏縁にあずかろうとして府老王則宗ら数十人が結縁している。この結縁者の名簿にあたるものが菩薩像の体内に墨書されているが、ほとんどが僧および官人とその一族（藤原・橘・平・物部・秦・伴・大中臣・清原・安曇など約二〇氏）で、なかには妙令、坂井女などの尼僧の名もみえる。

図41　木造十一面観音立像

木造馬頭観音立像　**重要文化財**（図42）

最近、馬頭観音の人気が高いらしく、この馬頭観世音菩薩もその例にもれない。桧材の寄木造で、像高五〇三センチをはかる馬頭観音中最大の巨像として知られる。大仏師真快・明春らの作。一一二六～三〇年（大治年中）に大宰大弐藤原経忠によって造立されたという伝承をもつ。丈六仏の四面

図42　木造馬頭観音立像

八臂像は他に例が無い。これまでの尊像と同様に、体内に上座威儀師暹増や僧長春・僧良寛などの僧名、掃部久・菅野孝文・源貞などの官人層など、僧俗の名前が墨書されている。

観音菩薩は慈悲深いおだやかな尊顔をされているが、忿怒の形相をした馬頭観音立像は異形といえる。馬が牧草を食べつくすように諸悪の根源を食べつくし、人びとを苦しみから救済するという慈悲の御心に満ちあふれているのだが、諸悪と戦うために怒髪は天を突き、四面で四方八方に目を配り、怒りにもえた忿怒の面相をしている。しかし激しい怒りによって、衆生や観世音寺の諸尊を護持し、人びとを苦しみの海から救っている。

忿怒の形相で諸悪から人びとを護る馬頭観音は頂仏の馬頭に特徴がある。馬は安産で知られており、馬頭観音に難産から母親を救ってくれるように、そして幸せな家庭の団欒をもたらしてもらうよう祈念して、安産祈願の参詣者が多く来られている。これからも諸悪には忿怒を、衆生には慈悲をもたらしていただく尊像である。

木造不空羂策観音立像　重要文化財（図43）

不空羂索観音の不空は大悲の心で衆生を残らず済度するという意味をもち、この世の迷いの海に溺れている人たちを救うために垂れ下げられた左手の一臂に輪縄（羂索）をもっている。人びとをもれなく済度するために右手の一臂には諸悪を断ち切る宝剣をもっている。これが国を済度する（鎮護国家）のに適した観世音菩薩と解釈され、創建時の観世音寺の本尊となっていた。

創建本尊の不空羂索観音菩薩塑像は一二二一（承久三）年に顚倒破砕する。一九一四（大正三）年の解体修理で、体内銘および体内に納められた心木が発見され、そこに、創建以来数多くの災難を乗り越えてきた本像の顚倒破砕は、寺家の滅亡のお告げか大宰府衰退のお知らせかと不安に思い、急ぎ翌一二二二（貞応元）年に再興した経緯が記されている。

図43　木造不空羂索観音立像

樟材の寄木造で、大仏師琳厳や小仏師長尊らの作。体内には塑像の頭部心木とともに塑像の顔面破片四点が納められていた（図44）。再興木像の頂仏は創建塑像の再利用の可能性がある。再興像は不空羂索観音

図44　心木（左）と塑像片

としては頂仏の周りに十一面を配する点が異例だが、塑像心木にも同じように十一面の挿し込み孔があるから、当初からこの像形であったことがわかる。

像高五一七センチの巨大な木像であるにもかかわらず再興に着手してから完成まで一年一カ月しかかかっていない。体内銘に、再興にあたっての勧進であった上人阿闍梨慈済をはじめ、行事検校威儀師兼執行法橋上人位良慶、大仏師僧琳厳などの僧や山村有永・坂井守道の官人名がみえるが、本像の造立にあたって募金活動とでもいうべき「勧進」をしており、短時間での造像を考えると、多くの民衆の喜捨が背景にあったことを理解できる。

木造阿弥陀如来坐像　重要文化財（図45）　金堂の旧本尊で、像高二一九・七センチをはかる。樟材の寄木造。創建以来、金堂の本尊は『百錬抄』などが百済から献上された伝える銅鋳丈六阿弥陀如来像であり、火災や大風などによって創建諸像が失われていくなかで、最後まで残っていた。ところが一五八六（天正十四）年に、九州北部まで軍勢を伸ばしていた島津軍が観世音寺を襲い、銅鋳

図45　木造阿弥陀如来坐像

丈六阿弥陀如来像を潰して刀の鍔にし、世間はこれを阿弥陀鍔とよんだという。

こうした経緯の後に新たに金堂本尊となったのが木造阿弥陀如来坐像である。ただその造像は古く、一一四三（康治二）年の「年中佛聖燈油幷恒例佛事料米相折帳」に講堂に安置された「新造阿弥陀」と記されるのが本像になる。『筑前国続風土記』などには鳥羽院の保安年中（一一二〇〜一一二四年）に大宰大弐藤原長実が造立したと伝えているので、このころの造像であろう。島津軍による銅鋳丈六阿弥陀如来像の鋳潰しの後に、このように元々講堂に安置されていたが、金堂に移され本尊となった歴史をもっている。

木造四天王立像　重要文化財（図46）　阿弥陀如来坐像に随侍する四天王像で、持国天二三六センチ、広目天二二四センチ、増長天二三四センチ、多聞天二二六センチといずれも像高二メートルを超える最大級の大像である。いずれも樟材の一木造で、それぞれ東西南北を守護する。十一世紀の作と考えられる。創建期の金堂本尊であった銅鋳丈六阿弥陀如来像は一一四三

図46　阿弥陀如来に随侍する木造四天王立像

（康治二）年の金堂焼亡の際も「猛火之中尊容無変」などと記録されているが、境内から塑造四天王像の破片が出土するところからみて、随侍の四天王像は塑像であったと思われ、このときに損壊したらしい。木像の制作時期もこのことを考えさせている。

木造大黒天像立像　重要文化財（図47）　十二世紀の作で、樟材を一木造りしているが、内刳りはしていない。像高一七一・八センチは観世音寺宝蔵内の諸尊では小柄だが、鹿児島市立美術館や島根県立古代出雲歴史博物館などに出陳したときに他像とくらべてみると、大形の像であることが理解できた。

大黒天といえば、頭巾をかぶり肩に袋をかついで米俵の上に立ち、にっこりと打ち出の小槌をふる大黒様のイメージがあるが、本像はそれとは異

図48　木造十一面観音（新十一面）立像

図47　木造大黒天立像

なる。本来、大黒天は戦いの神で、武装し憤怒の相をしている荒神と、本像のように頭巾をかぶり額に皺をよせてしかめ面をし、腰に手を当てながら袋をかついで立つ善神とがある。本像の形態は、大黒天善神の古い像形を示している。善神は厨を守るとされているが、一一四三（康治二）年の「年料米相折帳」に食堂に大黒天神があるとあり、時期的に本像をさすのであろう。鹿児島市立美術館、鳥取県立博物館、エール大学に模刻像がある。観世音寺の諸尊像のなかでは他の博物館などからもっとも多く出陳依頼を受けている。

木造十一面観音立像　重要文化財（図48）

桧材の一木造で、像高三〇三センチをはかる。一一三一〜四一（長承・保延）年ごろに別当維覚が造立した木造十一面観音立像があり、前に紹介した丈六十一面像と区別するために新十一面とよばれた。ところ

図49　木造吉祥天立像

がこの像は早く破損し、尼戒縁の願いなどもあって、同じ願いをもつ法眼和尚位暹秀によって一二四二（仁治三）年に造立された。不空羂索観音像とともに鎌倉時代の再興像である。

木造吉祥天立像　重要文化財（図49）　像高一一五・五センチをはかる十二世紀の造像で、その形態は一木造を思わせるが、樟材を寄木造にしている。唐服を着けた貴婦人の姿の吉祥天は福徳の女神である。巨像の殿堂に安置されているために大黒天像と同様に大きさを感じないが、吉祥天の古像としては我が国最大の作である。

観世音寺の諸尊像を紹介してきたが、このうち次の六体の造像年がわかっている。

i	聖観音坐像	一〇六六（治暦二）年造	墨書
ii	十一面観音立像（丈六）	一〇六九（延久元）年造	墨書
iii	阿弥陀如来坐像	一一二〇～二四（保安年中）年造	伝承
iv	馬頭観音立像	一一二六～三〇（大治年中）年造	伝承
v	不空羂索観音立像	一二二二（貞応二）年造	墨書

vi　十一面観音立像（新十一面）　一二四二（仁治三）年造　墨書

もっとも古い一〇六六年造の聖観音坐像は、九州で知られている制作年の明らかな諸尊像のなかの最古像で、伝承とした二例も根拠は深く、i〜viは九州仏の制作時期を考える基準となる。さらに現本尊の聖観音（杵島観音）立像は、「年中佛聖燈油幷恒例佛事料相折帳」によって一一四三（康治二）年にはすでに存在が認められる。「相折帳」にはiiiの阿弥陀如来坐像もみられ、その二〇年ほど前に造像されている。聖観音（杵島観音）立像も平安時代後期の作とみられているから、阿弥陀如来坐像と同じころに造像された可能性があり、これも基準となる。観世音寺の誇りである五観音（聖観音坐像・十一面観音立像〔丈六〕・馬頭観音立像・不空羂索観音立像・聖観音〔杵島観音〕立像）のすべてが九州仏を考える基準像となる点に、観世音寺諸尊像の重要性があらわれている。

以上の諸尊像のほかに石造狛犬一対・銅製天蓋光心一面・木造舞楽面三面・青磁三足壺一口が重要文化財に指定されている。また指定はされていないが、「観世音寺」寺号扁額、観世音寺式伽藍配置の姿を記録した「観世音寺絵図」、「太宰府観世音寺開基由来覚」や「太宰府観世音寺年中行事目録」などの江戸時代を中心とした多数の古文書を保管している。

石造狛犬一対　重要文化財（図50）　木造馬頭観音立像の前に一対の狛犬（こまいぬ）が置かれている。重要文化財としての指定名称は石造狛犬だが、一般的な狛犬とは異なっており、今は宋風獅子（そうふうしし）と

図50　寧波石製の石造宋風獅子一対

よばれることが多い。仏法の守護獣である獅子は、開いた口で毬を受け取る高さ六〇・六センチの阿形と、口を閉め子供を抱く高さ六二・一センチの吽形の、子持ち毬取りの一対となっている。台座は獅子本体とともに彫り出されているが、框座は別造りになっている。鎌倉時代の作。

この宋風獅子は宋風とよばれるように、一二〇一（建仁元）年の施入銘をもつ福岡県宗像神社蔵の宋製獅子にくらべ丸みをおびた造形や、日宋貿易に活躍した博多商人の故地である福岡に例が多いことなどから、狛犬へと和風化する初期の作例とみられている。

近年、薩摩塔とよばれる異形の石塔が注目されるようになり、その石材が中国浙江省寧波地方に特産する梅園石（凝灰岩）であることが知られてきた。薩摩塔の好例がある福岡県糟屋郡の首羅山遺跡には宋風獅子もある。寧波地方の梅園石の研究者の団体が調査に訪れ、観世音寺の宋風獅子を実見されたことがある。彼らの意見はこれが梅園石製である

図51　銅製天蓋光心

ことに一致していた。そうであれば、無駄な重量になる石材での輸入を考えるよりも作品としてもたらされた可能性が強くなる。もし本当に梅園石製ならば宋風獅子から狛犬への変化過程は考え直す必要があるかもしれない（井形進『薩摩塔の時空』花乱社、二〇一二年）。

銅製天蓋光心　重要文化財（図51）　天蓋は菩薩像などの頭上にかざす笠状の装飾物で、光心はその中心になる。鋳銅製で、直径三八・六センチの銅版を円形に作り、八カ所にわずかな切り込みを入れて八花形にしている。中央部に穴を空け、直径一九・三センチの瑞図鑑（銅鏡）を嵌入している。表面に孔のある突起を四カ所設け、鉄棒を十字状に通しているが、今は鉄棒の一つを欠いている。周囲に瓔珞などを垂らして飾ることがある。

瑞図鑑は唐式鏡で、鈕座として瑞雲のたなびく山岳を四峰配し、その間を水波で飾る。瑞雲の間に霊亀と霊龍を置く。この主文を「合壁・連理樹・比目魚・嘉瓜・嘉麦・同心鳥・金勝・連理竹・合歓蓮・嘉木・鳳凰」の瑞祥文と図像で囲む。その外側に一対ずつの十二支とその間に「禽・獣・魚・竹・草・樹・合壁・金勝・並・出・瑞・圖」の文字を置く（図52）。藤原道長が納経した奈良県金峰山経塚出

図52　瑞図鑑

土鏡や京都国立博物館・東京書道博物館蔵鏡に類例がある。

木造舞楽面三面　重要文化財（図53）　陵王一面、納曽(なそ)利(り)二面がある。陵王面は蘭陵王(らんりょうおう)面や羅陵王面ともいう。頭上に龍がまたがり、驚いたように大きく見開いた眼と歯をむきだし別造りの顎でこれもまた驚きを強調した口からなる。縦の長さが四二・四センチもある。

一四〇三（応永十）年に舞楽面が修理されていて、このときまでは舞楽が行われている。『延喜五年資財帳』通物章の大唐楽の項に「羅陵壹面　弘仁十三年中破」とあるから、舞楽は古くから演ぜられていて、中破後に再興されたのであろう。

納曽利面は二面ある。縦が二六・七センチと二七・三センチでほぼ同じ大きさになる。陵王面と同じように怒ったように見開いた眼と大きく口を開く吊顎(つりあご)からなる。眉の部分には植毛の痕跡がある。陵王と納曽利は唐楽と高麗楽のように番舞(つがいまい)として組み合わされることがあった。このように納曽利面は高麗楽で使われるが、『延喜五年資財帳』にも羅陵壹面に続けて「高麗儛面伍面　弘仁十三年小破」とある。この五面のなかに納曽利面があり、陵王面と同じころに再興されたのであろう。鎌倉時代の作とみられ、三面とも裏面に一四〇三（応永十）年の観世音寺兼修理勾當一番長圓による修理銘がある。

図53　陵王面（右）と納曽利面２面

青磁三足壺　重要文化財（図54）　直口に仕上げられた口径一二・一～一二・五センチ、胴径二二・七センチの胴部に、しっかりと立つ獣脚が付いた、鈍い濃緑色の越州窯系青磁三足壺である。高二二センチ。三足壺は釜と三本足の五徳を合成して釜に足を付けた鍑を流麗にした器形で、青磁鍑ともよばれる。法隆寺の一三〇〇年祭に出席した先々代住職の石田琳樹が帰途に当時の筑紫郡太宰府町通古賀字立明寺（現太宰府市都府楼南五丁目）を通りかかったときに、水田の畦に放り上げられていた破片を集め持ち帰ったもの。上林湖窯跡など越州窯系青磁の窯跡群が数多く残

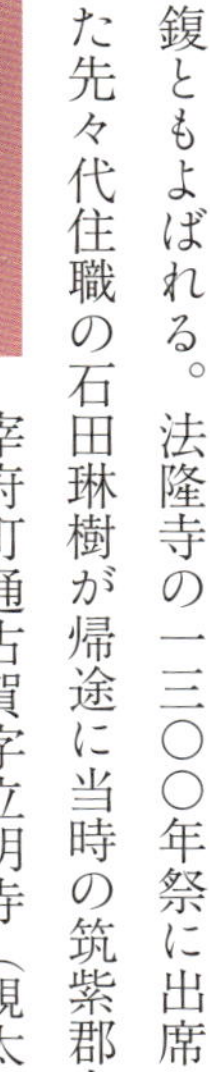

る浙江省の慈渓市博物館を訪問した折に、写真を示しながらこの三足壺の類例をお尋ねしたところ、中国にも例を欠く逸品中の逸品と評価された。

「観世音寺」寺号額（図55）未指定。南大門の南にあった鳥居に掲げられていた小野道風（おののとうふう）の書と伝わる「観世音寺」の寺号額がある。福岡藩主黒田斉隆が永年の風雨で墨痕が薄れてきたため箱に納めさせ、明和年中（一七六四～七二年）に儒者亀井南冥に模写させている。下ろされた寺号額は伝小野道風筆として宝蔵で展示しており、模写額を講堂に掲げている。小野道風が太宰府に来た記録はないが、藤原純友の乱の鎮圧者として知られる兄の小野好古（おののよしふる）は太宰大弐になっており、筆使いの巧みさなどから近年真筆として見直されようとしている。なお、福岡藩は梵鐘などとともに寺号額・舞楽面を一六三〇（寛永七）年に太宰府天満宮に預けさせているが、寺蔵文書「鐘返却控」によれば寺号額・舞楽面（八大龍王・青龍王面・赤龍王面）は一六九三（元禄六）年に返却されている。

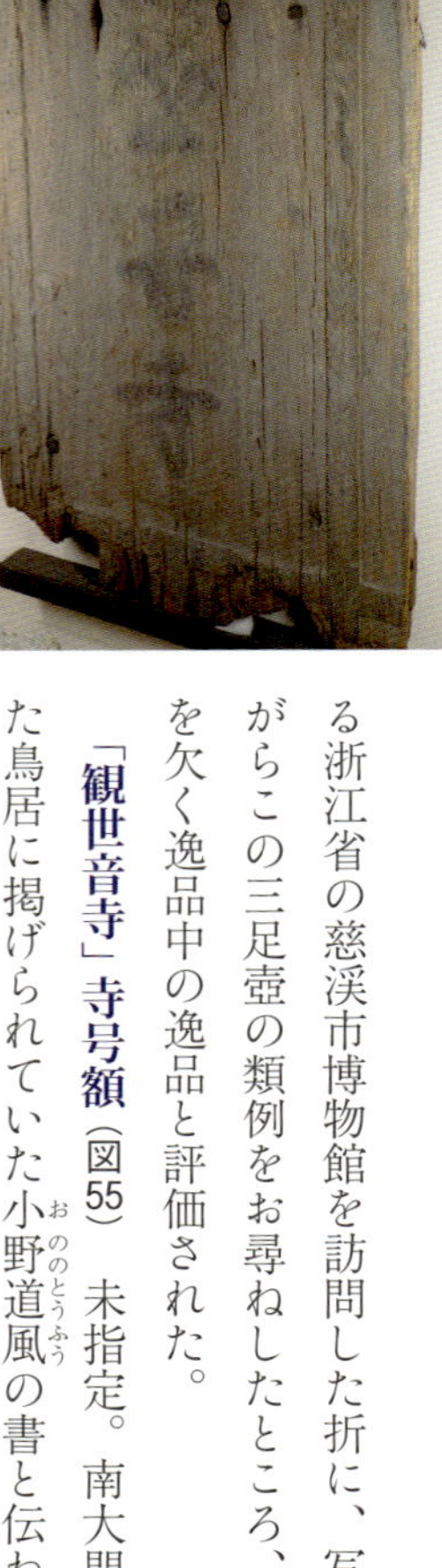

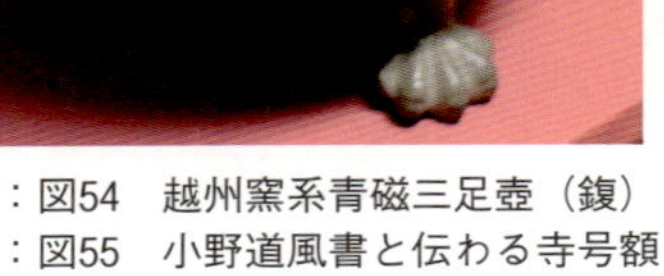

上：図54　越州窯系青磁三足壺（鍑）
右：図55　小野道風書と伝わる寺号額

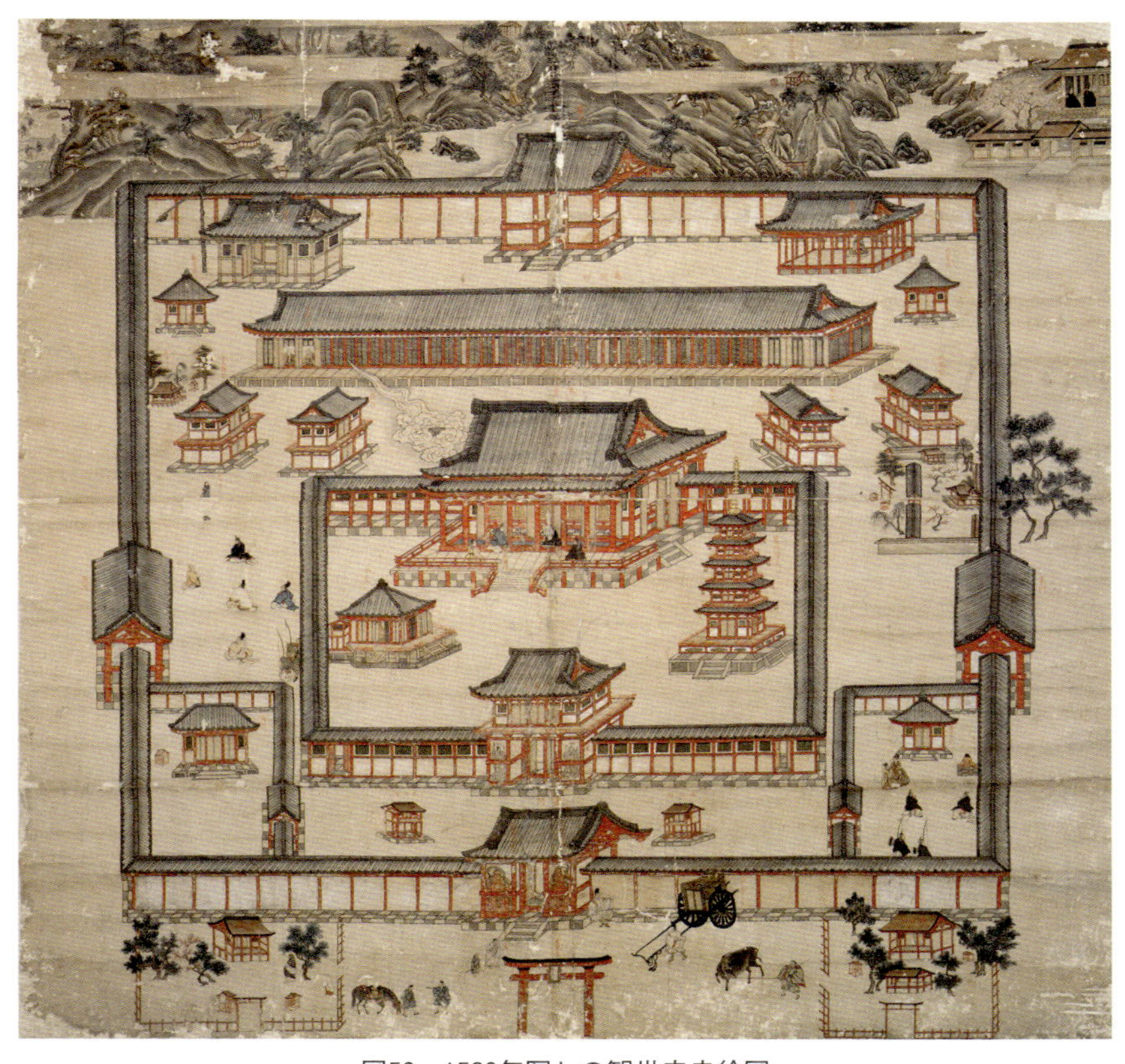

図56　1526年写しの観世音寺絵図

観世音寺絵図（図56）　未指定。縦一六五・二センチ、横一六一・九センチの、正方形に近い画面に観世音寺の伽藍が描かれている。修復時の不注意で失われたが、軸木に一五二六（大永六）年に朽損の進んだ古図を写し、一六五四（承応三）年に表装したことが書かれていた。既述したように、描かれた伽藍の配置や規模は発掘調査の成果や『延喜五年資財帳』によく一致している。金堂の背後に性格不明の小舎が描かれているが、その遺構も発掘調査で検出されている。近年九州国立博物館で修復され、往時の色彩を取り戻している。

画中に一〇六四（康平七）年に焼亡した五重塔や一一四三（康治二）年の「年中佛聖燈油幷恒例佛事料米相折帳」に「日吉宮常燈料」「日吉宮二季彼岸料」として初めてあらわれる鎮守の日吉山王社が描かれているが、かなり正確なこの絵図にしては六棟あった僧房は大房しか描かれていない。これが五重塔とともに焼亡した僧房が大房のみしか再建されなかったことを示すとしたら、焼亡した五重塔の記憶が残り、大房のみの再建と新たな日吉山王社の勧請を反映できる時期、平安時代末期ごろに元の古図が完成したと思われる。

なお、建物や人物に後補で名前が朱書されている。大房は学問所とあるが、観世音寺には無い記録が浄土真宗大谷派にはあるらしく、大房（学問所）の建物を京都に移築し大谷派の学舎としたが、やがてそれが大谷大学に成長したという見解があることを木場明志氏にうかがったことがある。

3　住職家の所蔵する文化財

2で紹介した重要文化財の青磁三足壺（鍑）は、出土の経緯で理解できるように、実は観世音寺ではなく住職石田家の所蔵品である。これ以外にも、住職家には細川三斎（忠興）の書をはじめ仙厓・豪潮・与謝野鉄幹・与謝野晶子・高浜虚子・野口雨情・柳原白蓮・青木月斗・河野静雲などの多数の墨跡がある。これは歴代の住職が、尊像がまだ講堂・金堂に安置されていたころに訪れられた方々に拝観料代わりに一筆書いていただいたもので、一部を軸装しているもののほとんど未整理のままの状態にあるが、いずれも観世音寺に関する作品である。たとえば与謝野夫妻の歌は、一九一七（大正六）年六月に訪れた際に先々代住職石田琳樹が揮毫していただいている。

与謝野夫妻の歌（図57）　鉄幹は

都府楼の　石だたみを踏ミて　やがてきく
観世音寺乃　鐘のひびくこゑ　　寛

と詠い、晶子は

みほとけは　千とせも今も　なきけりと
をしえ給へど　有りてかしこし　　晶子

と詠んでいる。

仙厓禅師の歌（図58）　観世音寺で書かれたものではないが、

荒れはてし
　都府楼

西の
都に
来てみれば
観世音寺の
入合の鐘

という仙厓禅師の書が譲られている。仙厓禅師の研究や墨跡の収集で著名な故富田渓仙画伯の収集資料で、一九三一（昭和六）年に恩賜京都博物館（現京都国立博物館）で開催された仙厓禅

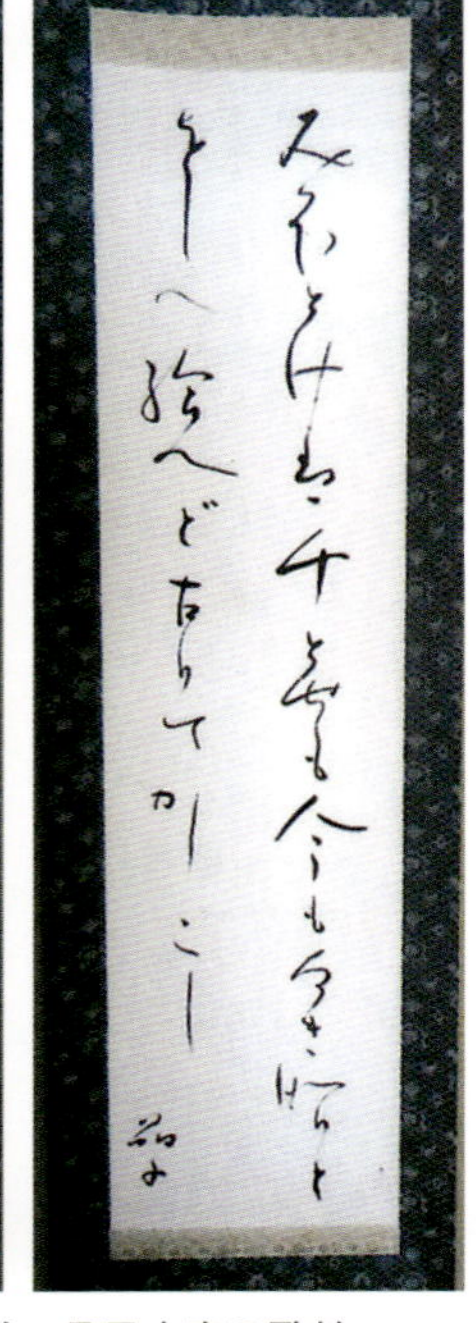

図57　与謝野鉄幹・晶子夫妻の歌軸

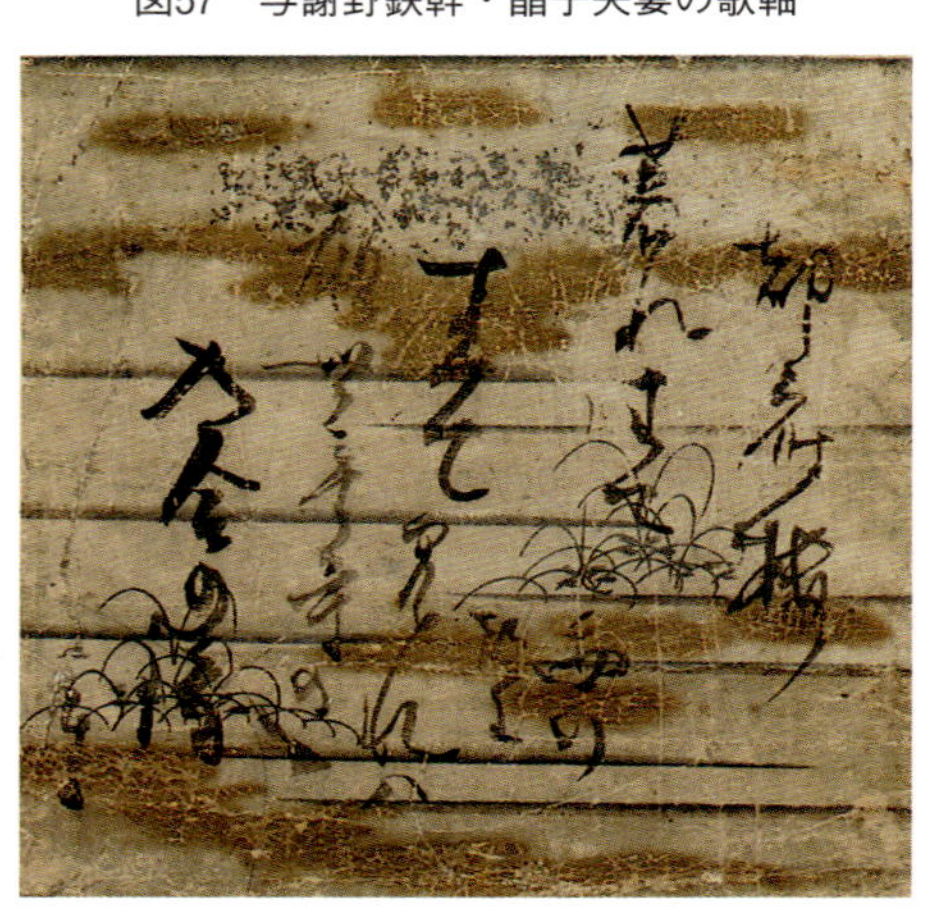

図58　仙厓禅師の歌軸

師に関する展覧会の図録『仙厓禅師墨林冊』に掲載されている。この歌は著名で、出光美術館刊行の『仙厓さんと九州名所めぐり』（二〇〇四年）に掲載されている仙厓禅師「西都府懐古画賛」の観世音寺関係五点のうちの二点にもこの歌があり、各地の博物館や美術館にも収蔵されている。画賛に癸巳（一八三三年・天保四年）とするものがあるから、仙厓禅師はそのころに太宰府を訪ねたのであろう。

しかしこの歌の「観世音寺の入合の鐘」はおかしい。実は観世音寺の国宝梵鐘は、一六三〇（寛永七）年に大暴風雨によって講堂が倒壊した際に、福岡藩の命で太宰府天満宮に預けられており、一八七〇（明治三）年まで観世音寺には無かった。したがって仙厓禅師でなかろうとも「入合の鐘」は聴くことができなかった。そこで数多くある観世音寺に関する仙厓禅師の絵を点検すると、平地にある観世音寺が山寺になっていたり、建物の配置が間違っていたりする。「入合の鐘」は戒壇院の鐘の聞き間違いであったにしても、絵はおかしい。仙厓禅師はおそらく観世音寺には来ておらず、都府楼（大宰府政庁跡）付近から遠望して戒壇院と観世音寺を合わせて描いたのであろう。それにしても山寺ではないから、そう表現された例には疑問がある。

4　境内の石碑

観世音寺の境内にはいくつかの歌碑が建てられている（図59）。まず講堂の東にある心字池の北側に、七二三（養老七）年に造筑紫観世音寺別当として赴任してきた沙弥満誓（しゃみまんせい）の歌碑がある。満誓は『万葉集』に七首を残すが、歌碑には冬の寒さをしのいでくれる真綿の暖かさを詠んだ巻三の三三六歌が刻まれている。

しらぬひ筑紫の綿は身につけて
　　いまだは著ねど暖かに見ゆ

五重塔心礎の西傍にある清水記碑には、『福岡県碑誌筑前之部』によれば

筑前国御笠郡観世音寺は清水山普門院といひける源氏物語玉葛巻にも大弐の
みたちのうへの清水の御寺の観世音寺にと紫式部もかけり此寺を清水の御寺と
いふなりさいふことも此寺のうしろに清水のわきいつるところあれはなるへし
この水いまにいたりてかはらずしかいへとも猶とし月をかさねて後の世にもいたり
なはこの名をへたとらんとある人いたみおもひて此事をしるしてすえの世にも
つたえへよとこふ予も権師をかねし身なれは余執にひかれていなむことを

図59　清水寺碑（左）と長塚節歌碑

わすれもとめにしたかひ筆をとりてしるすことしかり
　安永五年九月十八日権大納言兼太宰権帥　藤　印

と記されている。裏面に賜紫沙門横嶽徳隠が漢文で、この清水記は、『筑前国続風土記附録』の著者である福岡藩士加藤一純の願いにより、一七七六（安永五）年に亜相（権大納言）兼大宰権帥の藤氏（滋野井公麗）が記したとある（図59－1）。文中に「此寺の後に清水の湧出る所有ればなるべし」とあるが、観世音寺の北方、子院弘法寺の推定地に弘法水とよばれる湧水がある。観世音寺の飛び地で、渇水のときにも清水が滾々と湧き出ている。弘法水とは別に、観世音寺には五色の井とよばれる湧水がかつて五カ所あった。そのうちの一カ所は復原された僧房（大房）の東端近くにある楠の側にあった猿沢の池で、近年まで湧水していたが、今では埋められている。清水山の山号はこれらの清水に由来するのであろう。

　他の歌碑は宝蔵西南隅近くと南大門跡の西にある

茶室天智院の前庭にある。
宝蔵近くの歌碑は河野静雲の作で、

秋訪へば　炑のこゝろに　観世音

とある。

一九一二（明治四十五）年に喉頭結核治療のため九州大学病院に入院中だったアララギ派の歌人長塚節は、親交の深かった先々代住職の石田琳樹をときおり訪ねているが、亡くなる前年の一九一四年の晩秋に詠んだ

手をあてて鐘はたふとき冷たさに
爪叩き聴くそのかそけきを

の歌がよく知られていて、訪れる方が多い（図59―2）。長塚節歌碑の近くには

筑紫なる遠の御門の趾どころ
かんぜおん寺の鐘けさも鳴る　（山崎　斌）

まほろばの鐘
天平の雲をよび　（安武九馬）

露の道
観世音寺の鐘きこゆ　（清原枴童）

図60　講堂に置かれていた水城の木樋

図61　水城の木樋を加工した茶室天智院の天井

の三碑があるが、ことに南大門の礎石、天智院の前にある小池と竹垣に囲まれた清原枴童歌碑はよほど丁寧に読まないとただの石と見間違えてしまう。

長塚節・山崎斌・安武九馬・清原枴童の四碑は、太宰府天満宮が皇紀二六〇〇年祭の際に仮設した建物を移築し、天智院と名付けられた茶室の庭にある。

唐突だが、元禄年中（一六八八～一七〇四年）に水城大堤の下から木樋が発見され、その木材が観世音寺に運び込まれている（図60）。これは現在もあるが、九州国立博物館と九州歴史資料館に貸し出しているので、ご覧いただきたい。先の太宰府天満宮から建物を移築し茶室に改装するに際し、水城木樋の一部を加工して天井板や衝立として再利用している（図61）。現在では考えられないことだが、古木を尊ぶ茶の湯の席としては最高の茶室であろう。申し込みいただければお貸ししている。

観世音寺の西には、今は臨済宗妙心寺派の寺院となった戒壇院があり、東門で通じている。本堂の、本尊盧舎那仏を安置する花崗岩の切り石で化粧された須弥壇は、今は本尊背後の後屏で遮断されているが正方形になっている。あるいは戒壇の古相を示すのかも知れない。本尊の木造盧舎那仏坐像には脇侍の木造文殊菩薩立像と木造弥勒菩薩立像が侍している。木造盧舎那仏坐像は重要文化財、木造文殊菩薩像と木造弥勒菩薩像および日本に正しい戒律を伝えた木造鑑真和尚像は太宰府市指定文化財になっている。本堂の東前方にある鐘楼に架けられた博多鋳物師磯野七兵衛正慶作の福岡県指定文化財銅鐘は朝鮮鐘の流れをくむ逸品で、こちらの除夜の鐘もにぎわっている。境内には石塔など見るものも多く、戒壇院の散策をお勧めしたい。

心安らぐ古都太宰府にある観世音寺。日本最古の国宝銅鐘、日本第一といっても過言でない丈六の不空羂索観世音菩薩・馬頭観世音菩薩・十一面観世音菩薩、兜跋毘沙門天像や大黒天像など数多くの重要文化財を所蔵する仏教芸術の殿堂でもある寺だが、今では観光バスのほとんどは門前を素通りし、太宰府天満宮や九州国立博物館へと向かわれる。それはそれで結構なことだが、もったいないことでもある。太宰府観光の一日に観世音寺や大宰府政庁跡を加えていただくことを願っている。

＊本書は石田琳彰（髙倉洋彰）のこれまでの刊行物のうち

江上栄子・石田琳彰・片山摂三『古寺巡礼　西国　観世音寺』淡交社、一九八一年

髙倉洋彰『大宰府と観世音寺』海鳥社、一九九六年

髙倉洋彰・坂上康俊「府大寺観世音寺の創建」『太宰府市史』通史編Ⅰ、太宰府市、二〇〇五年

髙倉洋彰「観世音寺の甍と鐘」『行動する考古学』中国書店、二〇一四年

髙倉洋彰「鎮護国家の寺・観世音寺」『大学的福岡・太宰府ガイド』昭和堂、二〇一四年

石田琳彰「観世音寺と観音信仰」『大学的福岡・太宰府ガイド』昭和堂、二〇一四年

などを参考に執筆した。

図・表出典一覧

表1　高倉洋彰「観世音寺の創建期について」『行動する考古学』中国書店、二〇一四年
表2　高倉洋彰・坂上康俊「府大寺観世音寺の創建」『太宰府市史』通史編Ⅰ、太宰府市、二〇〇五年
表3　高倉洋彰「筑紫観世音寺史考」『大宰府古文化論叢』下巻、吉川弘文館、一九八三年
図2　横田賢次郎・石丸洋「国宝・観世音寺鐘と妙心寺鐘」『九州歴史資料館研究論集』二〇、一九九五年から作成
図3　石松好雄ほか『大宰府史跡―昭和五十二年度発掘調査概報―』九州歴史資料館、一九七八年、石松好雄ほか『大宰府史跡―昭和五十六年度発掘調査概報―』九州歴史資料館、一九八二年、佐々木聖子編「藤原宮式軒瓦の展開」『古代瓦研究』Ⅴ、奈良文化財研究所、二〇一〇年から作成
図4　高倉洋彰「観世音寺の創建期について」『行動する考古学』中国書店、二〇一四年
図5　高倉洋彰「筑紫観世音寺史考」『大宰府古文化論叢』下巻、吉川弘文館、一九八三年
図6　岡寺良編『観世音寺』遺物編2、吉川弘文館、二〇〇七年
図10　高倉洋彰・貞清世里「鎮護国家の伽藍配置」『日本考古学』三〇、日本考古学協会、二〇一〇年から作成

図13　髙倉洋彰「筑紫観世音寺史考」『大宰府古文化論叢』下巻、吉川弘文館、一九八三年から作成
図16　栗原和彦ほか『大宰府史跡―平成四年度発掘調査概報―』九州歴史資料館、一九九三年
図17　石松好雄ほか『大宰府史跡―昭和六十三年度発掘調査概報―』九州歴史資料館、一九八九年
図18　石松好雄ほか『大宰府史跡―昭和五十一年度発掘調査概報―』九州歴史資料館、一九七七年、石松好雄ほか『大宰府史跡―昭和六十二年度発掘調査概報―』九州歴史資料館、一九八八年、栗原和彦ほか『大宰府史跡―平成四年度発掘調査概報―』九州歴史資料館、一九九三年から作成
図19　石松好雄ほか『大宰府史跡―昭和六十二年度発掘調査概報―』九州歴史資料館、一九八八年
図20　石松好雄ほか『大宰府史跡―昭和五十三年度発掘調査概報―』九州歴史資料館、一九七九年
図22　髙倉洋彰「中世観世音寺の隆盛と衰退」『観世音寺』考察編、吉川弘文館、二〇〇七年
図32　宋応星『天工開物』広東人民出版社、一九七九年、周昕『中国農具史綱曁業図譜』中国建材工業出版社、一九九八年から作成
図35　髙倉洋彰・坂上康俊「府大寺観世音寺の創建」『太宰府市史』通史編Ⅰ、太宰府市、二〇〇五年

図1・7（絵図）・8（絵図）・11（絵図）・14（出土唐三彩）・15・21・24・25・30・56・60・61は九州歴史資料館提供
図31・44（心木）は太宰府市教育委員会提供
図23・26・27・33・36～43・44（塑像片）・45～50・52～55は川上信也氏撮影
図7（写真）～9・11（写真）・12・14（寺蔵唐三彩）・28・29・34・51・57～59は髙倉作成・撮影

石田琳彰（いしだ・りんしょう）　観世音寺住職（2005年～現在）。1943（昭和18）年，福岡県生まれ。1974年に九州大学大学院博士課程単位修得満期退学後，福岡県教育委員会文化課，県立九州歴史資料館を経て，1990（平成２）年から西南学院大学教授。文学博士。考古学・博物館学を担当。弥生時代～古代の社会構成や東アジアの国際交流を研究テーマとし，『弥生時代社会の研究』，『金印国家群の時代』，『交流する弥生人』，『箸の考古学』，『大宰府と観世音寺』などの著書がある。九州国立博物館の開館にあたって文化交流室（常設展示室）の展示基本計画を主導するなど，社会活動も行っている。西南学院大学大学院学務部長，西南学院大学博物館長などを経て，2014（平成26）年に西南学院大学を定年退職し，現在名誉教授。同年５月に一般社団法人日本考古学協会会長に就任（2016年５月まで）。なお，研究者としては髙倉洋彰の筆名を使用。

観世音寺の歴史と文化財
府大寺から観音信仰の寺へ

❖

二〇一五（平成二十七）年十一月十一日　第一刷発行

❖

著　者　石田琳彰
発　行　観世音寺
〒八一八-〇一〇一　太宰府市観世音寺五-六-一
電話　〇九二(九二二)一八一一
制作・発売　合同会社花乱社
〒八一〇-〇〇七三　福岡市中央区舞鶴一-六-一三-四〇五
電話　〇九二(七八一)七五五〇　ＦＡＸ　〇九二(七八一)七五五五
印刷・製本　大村印刷株式会社
[定価はカバーに表示]
ISBN978-4-905327-51-6